大孝无疆

中华慈孝人物巡礼

Daxiaowujiang

Zhonghua Cixiao Renwu Xunli

大孝无疆

中国新闻社浙江分社 杭州灵隐寺 编

浙江工商大学出版社
ZHEJIANG GONGSHANG UNIVERSITY PRESS

图书在版编目(CIP)数据

大孝无疆:中华慈孝人物巡礼 / 中国新闻社浙江分社,杭州灵隐寺编. —杭州:浙江工商大学出版社,2017.9(2018.8重印)

ISBN 978-7-5178-2292-9

Ⅰ.①大… Ⅱ.①中… ②杭… Ⅲ.①人物－生平事迹－浙江－现代 Ⅳ.①K820.855

中国版本图书馆 CIP 数据核字(2017)第 154369 号

大孝无疆——中华慈孝人物巡礼

中国新闻社浙江分社　杭州灵隐寺 编

责任编辑　沈敏丽　钟仲南
封面设计　鞠　磊
责任校对　何小玲
责任印制　包建辉
出版发行　浙江工商大学出版社
　　　　　　（杭州市教工路 198 号　邮政编码 310012）
　　　　　　（E-mail:zjgsupress@163.com）
　　　　　　（网址:http://www.zjgsupress.com）
　　　　　　电话:0571－88904927,88831806(传真)
排　　版　杭州星云光电图文制作有限公司
印　　刷　杭州恒力通印务有限公司
开　　本　710mm×1000mm　1/16
印　　张　9.5
字　　数　186 千
版 印 次　2017 年 9 月第 1 版　2018 年 8 月第 2 次印刷
书　　号　ISBN 978-7-5178-2292-9
定　　价　30.00 元

编委会名单

主　编：光　泉　王　旻　柴燕菲

副主编：江　耘　汪恩民　谢盼盼

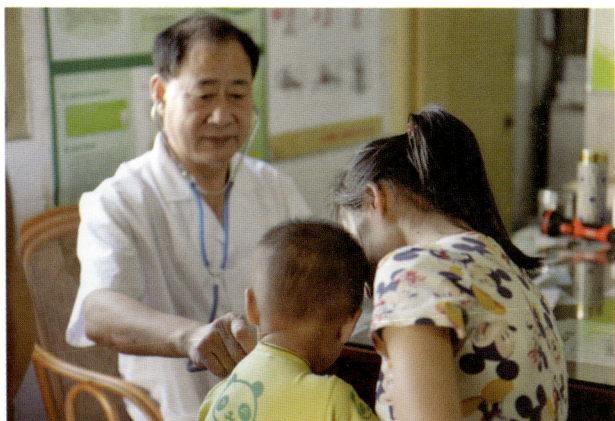

"仁医"许国仁为病人看病

郑念菊与敬老院中的"家人"们

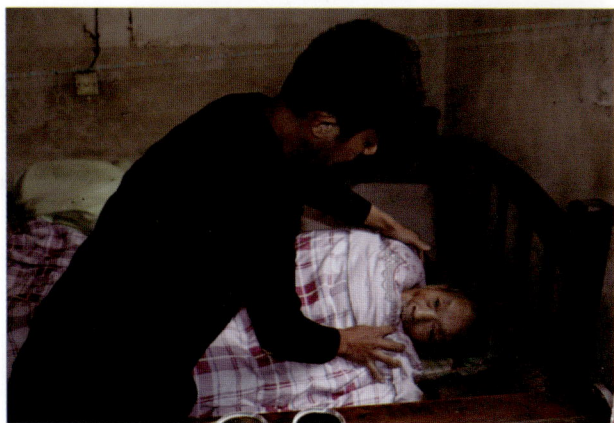

"90后"孝孙朱明梁

"不是儿子胜似儿子"的过小南（后排右二）与邻居们

"最年幼"孝女项海燕操持家务

"最美弟媳"庞香娟为老人洗头

"全职护工"杨玉安缅怀已逝公公

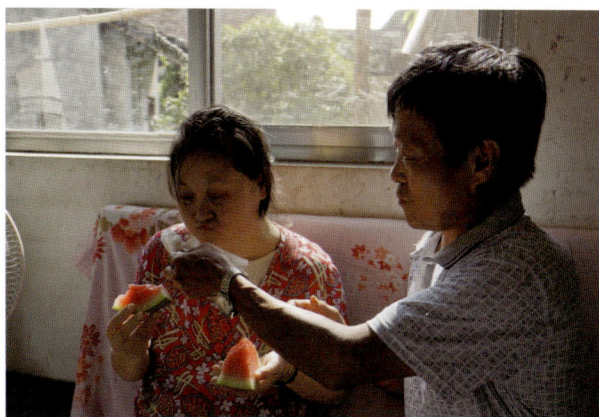

"好女婿"戴冬春为妻子喂食

"最美萧山人"盛建国(右一)与家人

厉霞娣照顾偏瘫公公

钱连明和他的"孝亲"家风

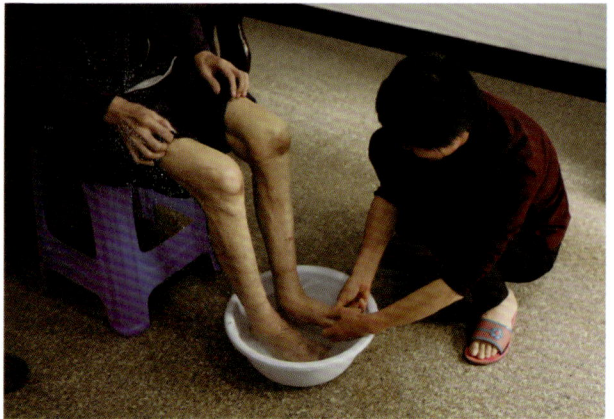

孝媳蓝香梅为老人洗脚

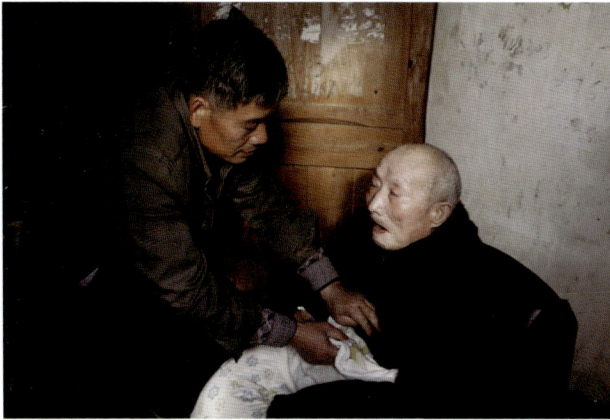

孝子石兴汀心系老人二十载

社区老人的"贴心保姆"罗敏莉

"外来媳妇"杨江印敬老院内献爱心

"感动新昌"模范人物舒洪江为母亲按摩

老少齐上阵——"9060"行动小组

戴冬春一家

罗敏莉成为杭州地铁的爱心义工

钱连明一家的午餐十分简陋

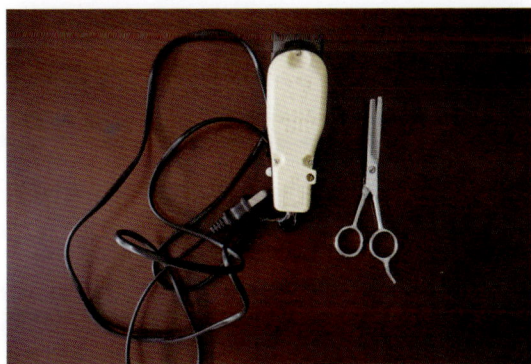

盛建国用简易的工具为老人理发

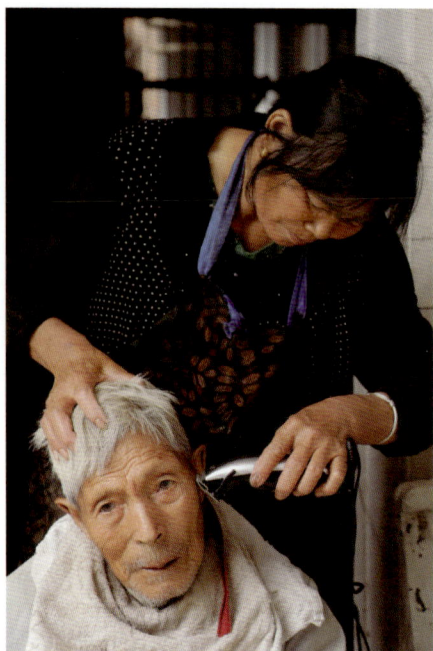
庞香娟正为哥哥剃头

海燕每天往返卧室和客厅的"捷径"

许国仁正在为患者针灸

序

"夫善之极者,莫大于孝",中华传统文化中有孝文化,在当今社会,"孝"依然有着极其深远的意义。但值得注意的是,当前,时代和国情的深刻变化,使得传统文化面临与多元文化共同竞争的严峻挑战,不可否认,孝文化存在被淡漠、无视的现状。弘扬孝文化成为当下所需、当务之急。如何发挥孝的价值,值得我们进一步思考和关注。

灵隐寺藏有一个宝贝,即明代大书法家董其昌所书《金刚经》册页,作为一名孝子,此物是为了纪念他的母亲而书。清朝乾隆皇帝被这份亲情感动,每次来到江南都要来观看这部《金刚经》,并且作题识、题诗,这一部《金刚经》是灵隐寺和孝道文化缘分的代表。

《大孝无疆——中华慈孝人物巡礼》由中国新闻社浙江分社和杭州灵隐寺共同编撰。本书挑选了2016浙台孝亲人物评选活动中最具代表性的慈孝人物,讲述他们多年来孝老爱亲的感人故事。

这其中,有多年来医者仁心,将他人视为父母,救死扶伤的许国仁;有十年如一日,用羸弱身躯为丈夫和公婆撑起爱的保护伞的厉霞娣;有"老吾老以及人之老",以一己之力为百位孤寡老人搭起温暖港湾的郑念菊;还有一群由"夕阳红"与"小鲜肉"共同组成的"9060"爱心队伍;等。

在这些孝老爱亲模范身上,尊老爱老、及时行孝、关心公益的模范行为得到淋漓尽致的呈现。他们用一件件小小的尊老事例和一个个默默的孝亲美德,凝聚起中华民族和谐的大家庭。

我们欣慰地看到,"慈孝"精神仍然在人们的血脉中流淌。"慈孝文化"这一中华民族千百年来最基本、最重要的文化,在当今社会仍然深深根植在每个人心中。有"慈孝文化"做引领,有"孝亲人物"做表率,期待本书在展示当代"慈孝"精神、传播孝道方面能够发挥更加积极的作用。

我们相信在中国新闻社浙江分社和杭州灵隐寺的共同努力下,提升民众孝心,营造孝亲敬老社会氛围,让社会更和谐、更富正能量的初心,一定能够实现。

2017 年 8 月 2 日

目录
CONTENTS
大孝无疆——中华慈孝人物巡礼

许国仁:一生行医　终生行善 / 1

90 后"最暖孝孙":为照顾年迈祖辈辞职　病榻前守护两载 / 9

"爱心院长"郑念菊:用爱与坚守浇灌孤寡老人的幸福晚年 / 17

卖房也要替公公治病　弱女子 20 余年风雨一肩挑 / 24

"80 后"杨江印:每月必去敬老院的外来媳妇 / 31

浙江云和孝女项海燕:用稚嫩双肩撑起"残缺"之家 / 38

好儿子舒洪江:八年坚守风雨无阻　终铸孝亲楷模 / 47

一肩扛父亲一手挽母亲　浙江孝子石兴汀孝心孝行书至孝 / 54

孝亲人物盛建国:行孝为善呼唤理想世界 / 63

绵长岁月铸就"特殊家庭"真情　"孝亲"家风代代传 / 72

"最美弟媳"的无悔担当　41 年不离不弃悉心照顾疯癫夫兄 / 81

两部手机 24 小时开机　义务照顾社区老人 9 年 / 90

羸弱身躯为公婆撑起保护伞　朴实无华抒写"中华孝经" / 99

浙江孝媳蓝香梅:倾力撑起一片天　动人诠释畲乡孝事 / 107

过小南:照顾邻居残障父子 30 年　不是儿子胜似儿子 / 115

浙江上门女婿戴冬春 30 余年如一日　用心维系家庭幸福 / 123

"夕阳红"与"小鲜肉"组合亮起助老"暖心灯" / 130

许国仁:一生行医　终生行善

中新社记者　方　堃

许国仁闲暇喜好钻研书法

一身白衣装,三尺就诊台,救死扶伤是他的职业使命。

"神医""妙手回春""医恩如海"……浙江省金华市东阳六石街道六石村卫生室,挂满了写有类似字样的锦旗和牌匾,这些锦旗和牌匾的主人均是六石村卫生室的主治医师许国仁。作为一名乡村医生,许国仁行医已经40年了,然而他最常思考的问题是:医生为病人看病,到底在看什么? 当病人来到医生面前,他到底想得到什么? 医生与患者,互相扮演了什么样的角色?

他告诉记者,医学家孙思邈在《大医精诚》篇中曰:"凡大医治病,必当安神定志,无欲无求,先发大慈恻隐之心……"这或许是"药王"对"大医"的界定,也是许国仁的从医境界和坚定追求。40年来,他始终秉承"行医就是行善,医乃仁术"的理念,充分诠释了"简、验、便、廉"的中医特色。

许国仁和妻子都是公益事业热心人士

许国仁

"镇上的仁医生"

许国仁的卫生室是一所普通的卫生室，开在六石街道六石小区黄雾路，外观并不起眼，室内却整洁明亮。墙上的一张张奖状、锦旗和荣誉证书告诉人们，这里的主人是一位"妙手仁心"的乡村医生。

自 1977 年从乡村医生培训班结业后，许国仁一直在六石从事预防、保健和基本医疗服务工作，至今已整整 40 年。大约是 10 年前，有一份刊物报道了许国仁的事迹，称他是"镇上的仁医生"，当时六石还是一个镇。10 余年过去了，当地一些人还是如此称呼许国仁，因为他有一颗仁爱之心。

在这 40 年中，只要是接触过许国仁的人，对他的评价都是关心、爱护、尊重患者，急患者所急，从不计个人得失。

"对不便到卫生室诊治的年老体弱的病人，只要接到一个口信或电话，许医师安顿好卫生室的工作，背起药箱就出诊。"一位前来卫生室就诊的患者告诉记者，对于许国仁医生来说，这是常态。

许国仁的太太许榴花说，不知道有多少次，他们半夜突然接到电话说是患者身体不适，又因为路途颠簸不能前来卫生室，丈夫接到电话后都是二话不说披上衣服就走。

"干我们医生这一行，就是急人之所急。救死扶伤，外出看病，本就是应该的事情。"许国仁不善言辞，性格内敛，面对赞扬，总是露出略带羞涩的微笑。

许国仁所获荣誉

多年前,金鸡村戚高山一名肺癌晚期病人,因经济困难不再住院治疗,许国仁得知后连续 10 多天为其上门治疗,不计报酬。在病人疼痛难忍时,他一天数次上门,甚至半夜也去为他打止痛针。金鸡村青塘安有一位老人患肺心病,两年中每逢天气寒冷,就呼吸困难。老人不能行走时,许国仁不论刮风还是下雨,坚持上门治疗。有时候,在给身边无亲友照顾的高龄病人诊治后,许国仁还会用自备车送他们回家……这样的事情,不计其数。

他良好的医德医风,赢得了群众的信任,不少邻近乡村的病人也都慕名前来就诊,日门诊量在 50 人次以上。

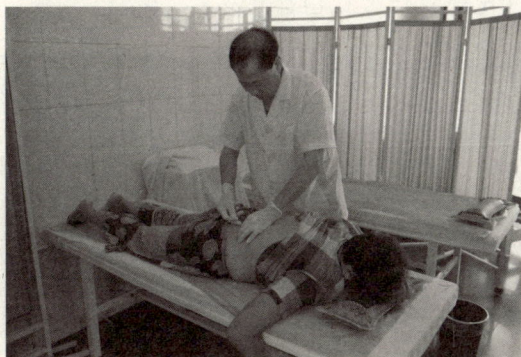

许国仁为患者针灸

村民们的身体健康,许国仁总是挂念在心。多年前的一个冬天,一次和朋友聊到冬季如何调养身体时,许国仁的朋友提到村中许多生活困难的老人没有条件调养身体,体虚、冠心病、冬天怕冷等症状时常在老人身上出现,身体情况并不好。

许国仁当时想,马上就要到冬至了,而冬至是人体进补的关键时候。于是,他提出要为村里生活困难的老人提供义诊和针灸,以及免费中药调理身子的想法。

近年来,每到三伏天,许国仁就会免费为村民做中医传统治疗——天灸,用中医疗法提高村民的脏腑生理和抗病能力,但他从来不收费。许国仁的善心感动了许多村民。

他的一位朋友知道了这个事情,特别感动地说:"我觉得你是一个好医生,对病人倾注了很多心血,但是你要对所有病人都这样子,会很累的,你应该把职业和生活适当分开。"许国仁不是不明白朋友的话,但他回答说,医生这个职业注定是这样,有的时候为了病人牺牲一定的个人利益是必须的。

今年78岁的许青阳是六石老年协会的副理事长,同时也是许国仁的挚友。退休许久的他,没事的时候就喜欢来许国仁的卫生室溜达。"乡里乡亲的,医生病人都是老朋友了,这个卫生室里也充满了人情味。"在许青阳看来,许国仁是个平易近人的好医生,平日里虽然话不多,但一举一动都非常体贴人。

服务基层的"先进工作者"

为感谢自己心中的好医生,很多患者康复后会带土特产来看望许国仁。许国仁总是婉言谢绝,并说:"你们得了病本身就很痛苦,看病又要花钱……看到你们完全康复了,这比送我什么礼物都高兴!"

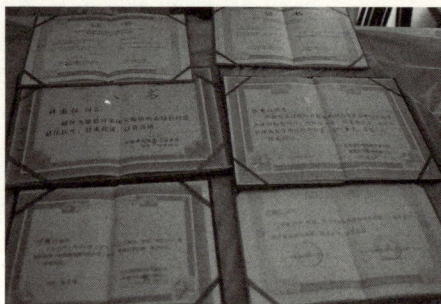

许国仁所获荣誉

记者了解到,许国仁从事乡村医生工作40年,连续20多年被评为东阳市卫生"先进工作者"。村卫生室被金华市人民政府、金华市食品药品监督管理局和金华市卫生局分别授予"农村药品'两网建设'工作先进单位""农村用药规范示范单位"和"医疗机构用药规范化管理AAA级单位"等称号。2007年许国仁被评为全国优秀乡村医生。

当医生这么多年,面对这么多荣誉,遇到过无数触动心灵的事,许国仁仍不敢有一点骄傲,不敢有一丝张扬,一心只想静下心来做自己力所能及的事情。

许榴花告诉记者,许国仁从小就是这样的一个人。"他从十八九岁开始在诊所上班,很多人羡慕他这份工作,却不知道他付出了多少的努力。"嫁给许国仁的几十年来,随着时间的流逝,许榴花眼中的丈夫仍保留着当初那份勤劳刻苦的少年心性。

"他经常对我们说'生气不如争气',这句话我深有体会。"许榴花眼眶泛红,曾经的日子也并非一帆风顺,她说道,"那个时候我刚生了孩子,家里条件也一般,许国仁就在村里医疗室上班,下班之后就帮我带小孩,我就出去卖些熟食挣钱补贴家用。"

曾经一起打拼的日子历历在目,那个倔强的少年也从人夫变成了现在稳重的许医生,但是对于医术的热爱,许国仁从未改变。许榴花心疼地说道:"一年到头,他很少睡到自然醒,有的时候大年初一也要坐诊,真的很辛苦,但是他却从来不说。"

"一直以来,他都一视同仁,也喜欢帮助别人,条件差的时候是这样,条件好的时候也是这样。"许国仁的大姨子称赞说。

许国仁医师不仅以热心肠悬壶济世,对老年协会的工作也十分支持。自2005年以来,每年六石小区老协会员组团去外地旅游,许国仁医师都会毫不犹豫地放弃当天的营业收入,自带药品,不计报酬,自费随团担任老协会员的义务医生,为老年朋友保驾护航,解除老年朋友旅途后顾之忧。

此外,六石小区每年逢"十"寿辰的会员都有五六十个,自2011年开始,许国仁在祝寿会上,给每位寿星送上200元红包或等值的健康保健礼品,每年仅这一项开支就在2万元以上,至今从未间断过。寿星们盛赞他是老年人的贴心人和孝道的楷模,每当此时,他都会笑着说:"这是我回报社会的一点小事,行善尽孝是我的本分,我要年复一年连续不断地做下去。"

我们还在许国仁卫生室的墙上看到三面锦旗,有两面的字是相同的——"捐资助学,功在千秋",分别是六石初中、六石中心小学赠送的;另一面则是六石小区老年活动小组送来的——"关爱老人,敬老楷模"。许榴花告诉我们,多年来丈夫热心公益事业,先后为学校、老年活动小组捐资近8万元,一家人都非常支持他的公益行动。

在六石小区党支部委员俞园仙看来,许国仁是一个平易近人的好邻居、好医生,"作为医生他老少无欺,非常关心老人的生活,每年都会自费给老人发红包,村里老人生病,不管多晚都会上门服务"。

俞园仙表示,数十年下来,许国仁已经打响了自己的"名气",不少外地人慕名而来。

郭生治便是其中一个。今年53岁的郭生治是附近村庄的村民,平日里得头疼、咳嗽、发烧等小毛病他都喜欢到许国仁这边寻求治疗。"许医生技术好,大家都喜欢来这边。"

除此之外,对于年纪大的老年人所患的老毛病,许国仁往往免费治疗。楼丽娟便是每周都会前来治疗颈椎病的其中一员。楼丽娟告诉记者,随着年纪的增大,她的颈椎时常酸疼,为此她特地咨询了许国仁。而许国仁在了解到楼丽娟的情况后,就让楼丽娟每周都来诊所免费针灸治疗。

"这真的是为人民服务啊,这句话不是说说的。"楼丽娟表示,她和病人们都打心眼里尊重许医生,也为村里有这样的医生而骄傲。

医无止境　精益求精

"许医师每天都有用不完的劲儿。"卫生室的护士王姐笑着告诉记者。许国仁"用不完的劲儿"也表现在对中医的研究上,他经过多年的研究和实践,熟练掌握了人体穴位和针灸技巧。

许国仁

40年中,许国仁先后经过"赤脚医生"培训、浙江省乡村医生培训学校三年制培训、卫生保健专业三年制函授学习、全科医师岗位培训及省医学高等专科学校函授学习等,业务技术水平不断提高。许国仁医师把做医生当作一世的修行,不断地修炼自己的技术,涵养自己的品性,似流水般淡泊明志、宁静致远,如川谷般厚德载物、兼容并蓄。

许国仁所获荣誉

直到现在,许国仁依然保持每天研读中医书籍几个小时的习惯,不断精进自己的医术。也许在外人看来,这种精益求精是一种过分的苛求,但是许国仁始终认为:评价一位医生的标准首先是技术能力。因此,他从来没有停止过追求技术进步的脚步,不断钻研甚至痴迷于对疑难复杂病例的探索。

"病人以生命相托,这是对我最大的信任。唯有用心行医,真心行善,才对得起患者。"许国仁对记者说。当一个又一个患者获得满意疗效,重新展露欢颜的时候,他从没有摆过大医师的架子,一如既往温和、善良,从各方面体恤病人疾苦。后来,不少病人和他成了好朋友,乃至视他为一生的良师益友。

许国仁对中医学的探究不止于针灸抓药,他认为一个好医生不仅仅要有精湛的医术,更关键的,还要有超越医术以外的,丰厚的人文精神和深厚的人文底蕴,要能够体恤患者。这也是他"患者第一"理念的体现,只要是涉及患者的每个细节、诊疗方案、治疗费用,甚至是患者的工作背景、家庭环境,他都会考虑到。

在诊疗过程中,许国仁态度和蔼,询问病史耐心,体格检查细心,诊断精心,治疗规范,用药合理,始终做到看病有登记、有病历,配药有处方,传染病有登记、报告,确保了群众的医疗安全和用药安全。从事医务工作40年中,许国仁从未发生过医疗事故。

在许国仁看来只有兼具科学的理性与人文的感性,才是一个真正的医学修行者。

经常有患者远道而来,特地找他治病,当被问到为什么放着城里大医院不去,非要找许国仁,得到的回答都是:"因为他是值得我信任的好医生。"对一个患者来说,疼痛也许不仅仅是疾病缠身,被当作"病人"区别对待也是一个方面。然而,许国仁却不一样,将心比心,推己及人,设身处地地代入患者角色中,使得他特别能够体会患者的感受。

从金华到兰州,从兰州到北京,从北京到南京……为了学习医术,许国仁的脚步踏遍了祖国的大江南北。空闲时候的他喜欢看书,从早上9点到11点,可以不变换一个姿势,就这样静静地看书。

而让许国仁骄傲的便是,女儿也走上了从医之路。"她是一个护士,同样也是一个医务人员。"提及女儿,许国仁的脸上露出了身为人父骄傲的神色。但是平日里的许国仁扮演的却是严父的角色。

"每次女儿回来都要跟她说工作要细致,要求她多看书多学习。"许榴花表示,尽管许国仁对女儿的要求严格,却仍然阻挡不住女儿对父亲的喜爱,"我都要吃醋了,对她要求严,但是她从来不在意,每次打电话都和她爸聊很长时间。"

许国仁卫生室外观

在外人看来,医生的工作可能很复杂,可是许国仁对人生的理解却很简单,他说:"做一个医生,真的是我的荣幸。我觉得我对家人好,对朋友好,对病人好,我只有把工作做好,才是对他们最大的爱,我将来才会问心无愧。所以说人生不一定非要有什么很伟大的目标,把最简单的事情做好,就特别好。"

脱下白大褂的许国仁是一个热爱生活的大叔。

"我没什么别的爱好，就是喜欢种菜。"谈及生活中最喜欢做的事情，许国仁显得有些羞涩，"很多人都说'没想到你会喜欢种菜'，但是我就是喜欢呀。"

在卫生室的厨房里，许国仁向记者展示了自己种的土豆和南瓜，三五个南瓜堆放在一起，一旁还放着带着露珠的青菜。

"这些都是我种的。"指了指一旁的大南瓜，许国仁成就感十足，这些自己种植的蔬菜也是他平日里的伙食，"自己种自己吃，很不错。"

许国仁卫生室的墙上，还有一块特殊的匾额，上面镶有铜钱组成的"药到病除"四个字。这是当地一位同样很有名望的中医赠送给许国仁的。同行的赞誉，似乎可以让我们更加深刻地感受到，许国仁这位乡村医生的妙手仁心是如此让人钦佩。

从青涩到成熟，两鬓的斑白见证了许国仁的蜕变，但不变的是他的妙手仁心。

业余时间许国仁会种瓜果送给病患

90后"最暖孝孙"：
为照顾年迈祖辈辞职　病榻前守护两载

作者　李婷婷　侯敏贤

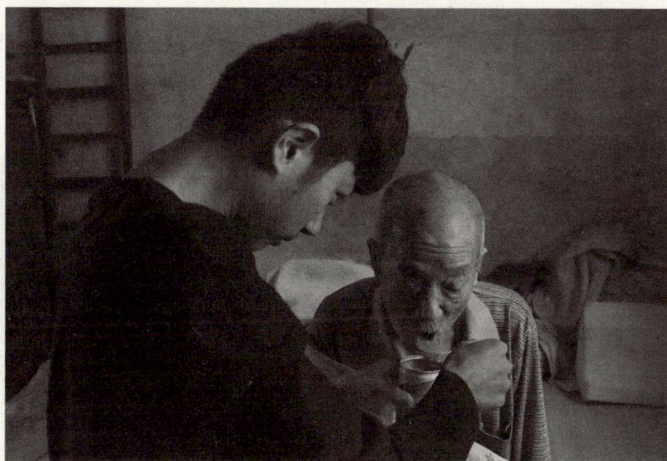

朱明梁照顾爷爷

"爷爷，再吃一口吧。"朱德寿半躺在房间里的床上，孙子朱明梁则拿着一罐八宝粥，一勺一勺地喂给爷爷吃。

89岁的朱德寿身体已不利索，牙口也不大好，常常喝了几口粥，嘴角甚至整个下巴都会沾满食物残渣。朱明梁也不嫌弃，自然而然地拿起一旁的毛巾给爷爷擦拭嘴角。

今年23岁的朱明梁，是浙江省金华市武义县桐琴镇石上青村人，2014年，由于奶奶患病，生活无法自理，他便辞去工作，毅然回到老家悉心"反哺"爷爷奶奶，照顾两位老人的饮食起居，并坚持了两年多时间。

常人难以想象，如此花一般的年纪，朱明梁竟真能耐住寂寞，整整两年待在一座矮房子里，只一心照顾老人。记者了解到，朱明梁家境特殊：父母很早离异，他从小就跟着父亲和爷爷奶奶长大，看着一人肩负养家糊口重任的父亲，以及愈发年迈的爷爷奶奶，早早懂事的朱明梁看在眼里，疼在心上。

9

2016 年 5 月,朱明梁的奶奶去世,当时朱明梁"哭得不成样子"。为了贴补家用,在父亲的劝说下,朱明梁再次到永康打工。都说穷人的孩子早当家,朱明梁用实际行动证明,他就像是长出羽翼的小乌鸦,用还稚嫩的翅膀给爷爷奶奶撑出一隅天空,留出一片艳阳。

父亲打工　他辞职留守在家知恩反哺

近日,记者来到武义县桐琴镇石上青村,走过一段曲折的村道,到达朱明梁的家中。

朱明梁今年 23 岁,个子不高,身板显得很单薄,还未完全脱去稚气的脸庞却透出一股常人没有的坚毅气质。在喂完爷爷后,朱明梁小心地给爷爷擦了擦脸,随后坐在一旁接受记者采访。

面对记者提问,眼前的朱明梁略显羞涩,挠了挠头,淡淡地说:"其实这并没有什么。我的爷爷奶奶年纪大了,我作为他们的孙子,照顾他们是再平常不过的。他们俩过得好,我才能够放心。"

都说"穷人的孩子早当家",这句话用在朱明梁身上最恰当不过了。

朱明梁的父亲朱天同

在父亲朱天同眼里,朱明梁是一个让人喜欢又让人隐隐心疼的孩子。"明梁当初为照顾他的爷爷奶奶,从武义辞职回来,在家里待了两三年时间。"看着儿子朱明梁,这个年近五旬的男子流露出慈爱的目光。朱天同有着农村男人特有的淳朴,由于常年劳累,皮肤显得黝黑,皱纹也早早爬上他的脸庞。

"我爸妈在 40 多岁时生的我,我是家里唯一的男丁,上头还有三个姐姐。"朱天同告诉记者,他们一家家境特殊,他和明梁的妈妈很早就离异,明梁从小是由他奶奶带大的,几乎没有得到过妈妈的疼爱。

这样的日子,让小小年纪的朱明梁体会到生活的艰辛,也让他倍感亲情的可贵。

"以前家里都是奶奶在照顾,小时候因为不懂事,我会和爸爸闹脾气,这个时候都是奶奶出来劝慰我。"朱明梁告诉记者,过去,因为家里没有女主人,这个

10

家里里外外都靠奶奶周岳花照顾。直到2014年，原先走路腿就有些抖的奶奶在吃饭的时候突然摔倒了。

"爸爸赶忙把奶奶送往医院，原来是得了青光眼。尽管多方治疗，奶奶的眼睛还是彻底失明了。"朱明梁说，"那次摔倒，除了失明，奶奶的右手还断了两根骨头。刚刚出院的时候，奶奶甚至连牛奶都吸不上来，喝口水都成问题。"

未承想，生活的磨难还不止这些。奶奶摔倒之后，本来就腿脚不便的爷爷也突发脑溢血，虽然朱明梁父子及时发现，并第一时间将爷爷送往医院诊治，但这次病发之后，爷爷还是完全失去了生活自理能力。

"奶奶的手不能动，眼睛又看不见，爷爷也没法自己吃饭，我爸只好一口一口地喂给他们吃。"那时候，朱明梁一边读职高，一边在外面实习，每次回家看到爸爸朱天同既要外出赚钱养家，又要照顾行动不便的爷爷奶奶，很辛苦，心里也很不忍，于是他主动提出，要担起照看爷爷奶奶的重任。

"当时我很意外，孩子竟会说出这种话。"朱天同说。其实刚开始他并不同意，一方面是怕朱明梁只是一时兴起，不会长久坚持；另一方面也是心疼这个孩子。"孩子从小吃苦，好不容易长大可以自己赚钱了，怎么还能让他回来照顾老人呢……"

看到父亲的犹豫，朱明梁表明了自己的决心，他对父亲说："爷爷奶奶身体不好，我即使在外面也不会安心的，还不如回来照顾他们，让他们可以安享晚年。"

于是，当时年仅20岁的朱明梁毅然辞职回家。从此，这个大男孩早上起床第一件事情是打水给爷爷奶奶洗脸，然后煮饭喂他们吃，晚上睡觉最后一件事情是帮爷爷奶奶盖好被子。就这样，洗衣，做饭，日复一日，年复一年，不曾歇息。

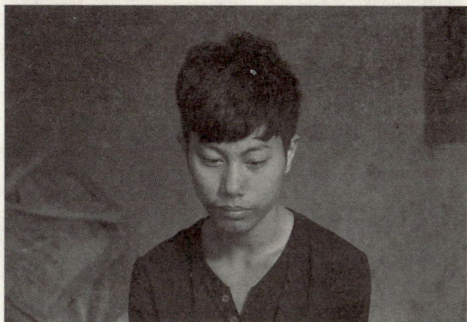

谈及已逝的奶奶，朱明梁伤心落泪

　　"早上的时候我们都自己做饭,爷爷喜欢喝汤,奶奶年纪大,有些东西咬不动了,饭菜就烧得烂点,菜切得小些;有时他俩吞咽都困难,我就把菜剁得粉碎,碎到像馄饨馅一样。"饭做好后,朱明梁会先盛给爷爷,然后开始喂奶奶,等奶奶吃饱了再自己吃。

　　由于周岳花年纪大,又看不见,吃饭比较慢,每次给她喂饭,朱明梁都是尽量做到等奶奶完全将饭菜吞咽下去了,再喂一勺,一般给奶奶喂一次饭需要一个多小时。

　　这也导致了,朱明梁家吃一顿中饭就要花去将近两个小时。

　　"我们喂她吃饭的时候她很开心,经常咧着嘴笑,像个小孩一样。"朱明梁告诉记者,他从不觉得喂饭这一举动很别扭,"因为都是家人。"每次喂完饭后,朱明梁都会学着爸爸的样子把奶奶的脸和手擦得干干净净。

　　除此之外,朱明梁每天还要帮爷爷奶奶擦洗身体,换洗衣物,整理房间,就连爷爷奶奶房间的尿壶都是朱明梁定期倒和清洗的。"给奶奶洗澡、擦身子什么的,由住在同村的大姑妈帮忙,衣服则由我和爸爸轮流洗。"洗完衣服后,朱明梁就坐在床边陪爷爷奶奶聊天。

　　如果说女儿是父母的贴心棉袄,朱明梁便是爷爷奶奶的百事通,爷爷奶奶一句含糊不清的话,一个指向不明的动作,他也能立马意会出他们的意思。

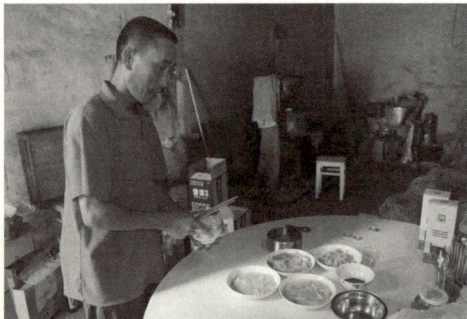

朱明梁同父亲就餐

花一般的年纪照顾二老依然无怨无悔

　　看到朱明梁全心全意地照顾爷爷奶奶,很多人不禁会疑惑,20岁的年纪正是爱玩的年纪,他每日窝在家里照顾老人难道不厌烦吗?

　　"厌烦是没有,就是有时候有点羡慕同龄人,每天到处玩,一到周末更是玩疯了。"朱明梁腼腆一笑,对记者说道。

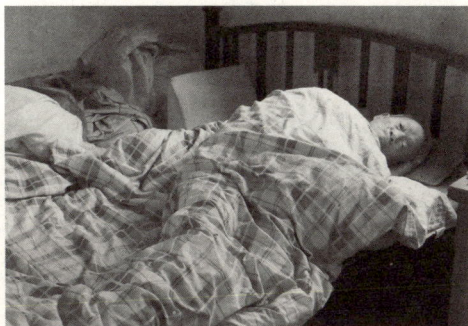

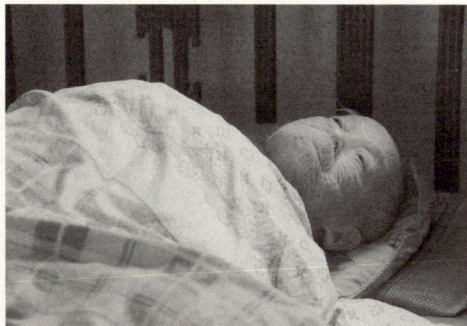

朱明梁的爷爷朱德寿常年需要人照顾

朱明梁

"那是什么信念支撑你照顾爷爷奶奶呢？"记者问朱明梁。

"我年纪还小的时候，我爷爷奶奶对我可好嘞！"朱明梁说，小时候他父亲忙于工作，没有时间顾及他，都是爷爷奶奶在照顾。

在朱明梁童年时代，零食玩具对在农村长大的小孩来说是非常稀有的，他自然也非常渴望这些。奶奶为了满足朱明梁这些小小的愿望，省吃俭用，硬是每个月省出一些钱给朱明梁买东西。

在朱明梁的印象中，爷爷奶奶非常疼爱他这个唯一的孙子。让他记忆最深刻的是，在他十六七岁的时候，因为不懂事，他和爸爸争吵后赌气，夺门而出。之后奶奶走了好几公里路来寻他。

爷爷奶奶的慈爱，朱明梁这辈子都不会忘记。"他们为我付出了很多，也花了很多心血。现在他们有了病痛，我这个做孙子的一定要担当起来。只要他们两个老人高兴，身体能够健康，我做什么都行。"虽不善言辞，但朱明梁一直坚信，照顾好老人，让他们走好人生的后半程，是他的责任。

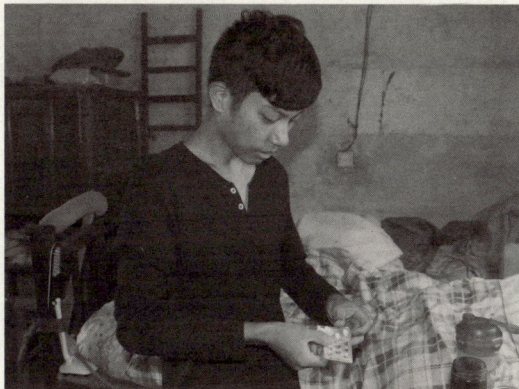

朱明梁为爷爷备药

朱明梁

随着老人年岁越来越大，从原来能自理、半自理到现在不能自理，两年来，朱明梁一直在陪伴着他的爷爷奶奶。对他来说，最大的心愿就是尽自己最大的努力让爷爷奶奶晚年生活得好一点。

"那么，这么多年照顾下来，你觉得累吗？"记者问道。

"以前奶奶还在的时候，事情是多一点，现在只剩爷爷一个人……"讲到这里，朱明梁红了眼眶，话到了嘴边却吐不出来。原来，朱明梁的奶奶在 2016 年 5 月份离世了。

"当时他哭得不成样子，很伤心。之后那几天他就跟丢了魂似的，我们叫他都不应，经常坐在门口，看着他奶奶曾经躺过的那张床……"朱天同回忆道。

如今，为了贴补家用，让这个家变得更好，在父亲的劝说下，朱明梁到永康的一家饭店打工，但他最牵挂的还是爷爷。出门之前，他很想叮嘱父亲，一定要照顾好爷爷，可看着鬓角微白的父亲，朱明梁几次欲言又止。

于是，每到周末，朱明梁便匆匆赶回家，帮爷爷烧饭喂饭，整理房间，清洗衣服。他要用实际行动，为父亲减轻负担，让爷爷安享晚年。

朱天同说："我们家很小，所以明梁每次回家都要和我挤一张床，很不舒服。可是他想念老人，为了照顾爷爷每个星期都回家。而且每次都将家里的事情处理得井井有条才回去工作。"

看到儿子如此懂事、孝顺，朱天同感到无限欣慰。事实上，朱明梁的懂事，也是从父亲朱天同的身体力行中学到的。"爸妈含辛茹苦把我拉扯大，对我有恩，我照顾他们是理所应当的。"

朱天同告诉记者，其实在朱明梁小的时候，因为不懂事，曾经嫌弃爷爷奶奶身上脏。但那个时候，朱天同会跟他正色说："每个人老了都是这样的，你想想看，如果你老了，没人照顾你，是不是很可怜？"

在朱天同的言传身教下，朱明梁懂得了敬老养老是每个后辈应尽的义务和应承担的责任。

"这些年难为他了。"说起儿子这两年的付出，朱天同眼眶微微湿润。他说，虽然日子过得很艰难，但朱明梁从来没有在亲友面前埋怨过什么，在照顾爷爷奶奶这件事情上，甚至比他还要细心周到。

情真意切　村民网友点赞朱明梁正能量

"一般家庭都是女儿来照料老人，可是我们家最细心的偏偏是侄子朱明

朱明梁在校所获荣誉

梁。"朱明梁的姑姑朱赛红说，侄子朱明梁照顾老人细心程度一点也不输女儿家。一般老人家身上总是给人一种脏脏的感觉，然而在朱明梁的照料下老人显得特别干净整洁。这都得益于朱明梁这两三年来寸步不离的悉心照顾。

"这孩子，生活苦是苦，可很有孝心。"朱明梁的邻居周光涛对记者说，莫说石上青村，就是整个桐琴镇，也很难再找出这么孝顺的孙子。"特别是他有一段时间既要上班又要照顾爷爷奶奶，每天家里工作地方两头跑，非常辛苦也不曾听他喊过一声累。这份孝心真是难得啊！"周光涛又补充道，"我们挨家挨户都让小孩把朱明梁当成榜样来学习。"

其实，如果不是因为一组照片，大家并不会关注到这个特殊的家庭和这个孝顺的大男孩。

2015年的春天，一些志愿者来当地的居家养老服务照料中心开展免费理发、修指甲活动，朱明梁便推着奶奶周岳花来理发，随后朱明梁便在照料中心领了午饭喂奶奶吃。

朱明梁耐心地一口一口喂奶奶吃饭的场景，引起好多村民驻足观看。有与朱明梁相熟的村民关切地询问："明梁，你这样喂你奶奶吃饭多久了？"在得知朱明梁辞职回家只为照顾爷爷奶奶已经两三年时，他们露出了惊讶的表情。

"两个老人的饭都打回去吃的，所以很多人不知道老太太吃饭都是儿子和孙子喂的。"徐德好是石上青村居家养老服务照料中心的炊事员。他告诉记者，石上青村有32名80岁以上的老人在居家养老服务照料中心用餐。平时老人们都自己来照料中心吃饭，而朱明梁的爷爷奶奶因为走路不方便，都是由朱天同父子帮忙打回家吃的。

"那天中午看到明梁耐心地一勺一勺喂奶奶吃饭，我很吃惊。不光我一个人，大家都很惊奇。现在有几个孙子愿意给老人端茶倒水、倒屎倒尿？在我们村，孙子这么细心地喂老人吃饭，还真的第一次见。"徐德好说，那天，许多志愿者被感动了。

2015年上半年，网友"平常人生"在武义当地的论坛发布了一组朱明梁喂奶奶吃饭的图片，网友们纷纷留言，称赞朱明梁的行为充满正能量，是个"好孩子""孝孙"。后来，朱明梁照顾老一辈的事，在当地越传越广，得到远亲近邻的

朱明梁

一致好评。

记者指着朱明梁，问老人："您觉得您孙子好不好?"老人听力不太好，记者又大声问了一遍，在经过朱天同的翻译后，老人点点头，用有点含糊且不太纯正的普通话说："好好好……都是小辈伺候得好，要不然我也活不到今天!"

二十几岁，对一个青年人来说可谓是一段最美好的时光，一些人会在这时恣意绽放青春光芒。但朱明梁放弃了可以在外玩乐的机会，坚持在家照顾爷爷奶奶。这样的他，发出了不一样的光芒，感动着周围的人。

"希望爷爷能长命百岁。"采访最后，记者在问到朱明梁有什么愿望时，他不假思索地回答道，眼光投向房内的角落。那里，他的爷爷朱德寿正在安静地午休……

"爱心院长"郑念菊：
用爱与坚守浇灌孤寡老人的幸福晚年

作者　谢盼盼　涂　艺

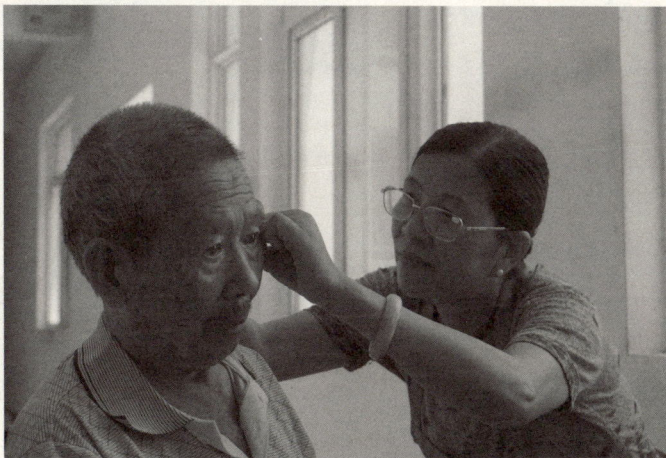

郑念菊在照料托老院中的老人

浙江台州玉环的"长者公寓"托老院主管，爱心雪球协会会长，曾获得优秀共产党员称号……若是不熟知郑念菊的人，将这一串的"名头"读下来，也许会把郑念菊想象成一名衣着光鲜、生活体面的爱心人士。

而在真正见到这位面容憔悴，衣着略显寒酸的瘦弱女子后，或许人们更能够直观地感受到在这些"名头"背后，郑念菊为慈善事业经受的考验与不易。

把照顾老人当成事业，把奉献爱心作为使命，郑念菊的慈善事业一做就是10多年。都说做好事不难，难在坚持，郑念菊10余年的付出已是常人所不能及，而更可贵的是，郑念菊将自己完全当成了老人们的亲女儿，事无巨细，亲力亲为。

如今，人到中年的郑念菊仍守着自己那一方小小的托老院，继续向老人们传递着爱与温暖。

一手创办托老院　摇身变为"爱心嫂"

　　自郑念菊第一次创办托老院起已过去近 20 年，这些年间，对她的举动表示不解、怀疑的人不在少数。郑念菊自己都记不清有多少人问过她"你为什么要办托老院"这样的问题了。

　　郑念菊家在浙江省台州市玉环县，自小家境困难，母亲没有文化，大字不识几个，直到现在连拨

"爱心嫂"郑念菊

电话都很困难。小时候，家里兄弟姐妹五六个，全靠父亲打零工过活。尽管这样，在郑念菊记忆中，父亲总会对他人施以援手。

　　或许是受父亲乐善好施的影响，或许是郑念菊乐于助人的天性使然，也或许是自小贫寒的家境让郑念菊面对其他同样贫困的人更能感同身受，郑念菊与慈善事业就这样结缘。

　　回想起创办托老院的初衷，郑念菊说，一直以来，她总想为身边的老人做些什么，而真正促使她创办托老院的是当时的一位邻居。

　　"我之前是在单位上班的员工，邻居一个阿婆生病瘫在床上，儿媳喜欢打麻将，身边没人照顾她。"郑念菊回想起来，当时的情景还历历在目。

　　"我经常经过她门口，阿婆在床上叫唤，她媳妇就在打麻将不理睬，碍于她家人在，我也不敢进去。"直到有一天，郑念菊看阿婆家中没人时，忍不住向阿婆询问了情况。

　　"那个阿婆中风了，瘫在床上，吃饭喝水都需要人照顾，我就上去给她搭了把手。"之后，郑念菊就成了这家的"常客"，只要上下班有时间，她都会来为老人喂食、清洗，甚至没有像老人的女儿一样，戴着口罩和手套照料老人。

　　郑念菊还发现，自己身边像这位阿婆一样晚年生活艰辛的老人并不在少数。"照顾一个也是照顾，照顾多个也是照顾。"本着这样的想法，郑念菊决定为这些老人集中建起一个"家"，让老人们安享晚年。

　　1997 年，郑念菊一手办成了当地第一家托老院，名为"爱心托老院"，自己担任院长一职。

但没想到，自己的一番热情很快被现实的冷水浇灭。

"一开始的时候太心酸了。"郑念菊这样形容道。当时由于入住托老院的意识并不普及，没有人愿意将家里的老人送到郑念菊那儿去。

"大家都认为住到托老院的老人是倒了大霉，没儿没女才不得已住进来的。"郑念菊的"爱心托老院"在开业后近大半个月才有人咨询，而此时的托老院早已经入不敷出。

"托老院总共4层，5间房间的红砖小楼，我自己租的，借了8000多块钱。房租、护理人员的费用，还有我自己自费到各地敬老院参观学习的费用，都需要钱，可是那么久了，一个老人都没来，这些费用我怎么承担得起？"在当时，甚至将房子租给她的房东都看不下去了，一再建议她别办了。

郑念菊却不同意，为了让更多需要帮助的老人得到照顾，她费了九牛二虎之力，挨家挨户宣传，将广告写在红纸上张贴出去，几经曲折，郑念菊的托老院终于有人来打听了。

"来托老院的第一位老人是一位阿婆，家里几个儿子，忙的忙，残疾的残疾，实在没有时间管老人了。"但即使住进来了，阿婆心里的坎儿也很难迈过去。"她几乎每天哭，没有办法了，我和她儿子一起做她的思想工作。到了第四天的时候，我和阿婆说，你坚持到一周，如果还是不行，那我也没有信心再办下去了。"

郑念菊的付出终于有了回报，第五天的时候，这位阿婆决定留下。"她和儿子说，还是在托老院好，一日三顿饭有人送到床前，有人帮助洗澡，甚至牙膏都为她挤好，每天都有人陪伴和聊天。"

阿婆的事一传十十传百，知道"爱心托老院"的人越来越多。

"陆陆续续有人过来参观，后来一个星期收进来8位老人。台州也有很多人知道，专门赶过来采访，说我们是台州第一家创办托老院的。那一年里我就上过九次电视。"

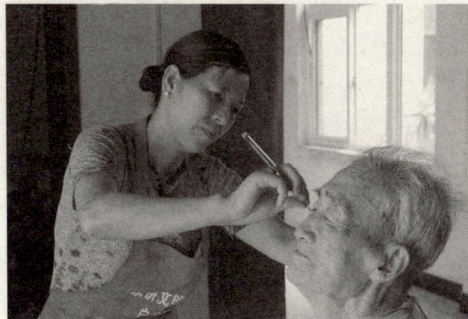

从第一家"爱心托老院"到后来的"长者公寓"，托老院的名字换了，入住的老人变了，郑念菊的名气也大了，成了玉环县内远近闻名的"爱心嫂"，但不曾改变的是她为老人们奉献的热心。

郑念菊在为老人剃须

自愿成立爱心组织　愿撒爱心满人间

除了在托老院中为老人们提供"集中服务"，郑念菊还利用空闲，四处奔波，自愿上门为需要帮助的人献上一份力。

1998年，郑念菊创建了"爱心雪球协会"，其寓意是像滚雪球一样将爱心队伍扩大，让更多困难群众得到帮助。协会以困难老人为重点服务对象。10多年来，她从亲属朋友开始，积极发展爱心志愿人员，不断壮大服务队伍，目前队伍已发展到50多人。

作为组织负责人，郑念菊尽管自己家庭生活困难，却带头捐款捐物。为掌握受助对象实际情况，她总是先到实地了解考察，为此，她走遍了全县各地。18年来，受这个组织资助的贫困户达到500多户。

这其中，有位困难老人叶言菜因受伤被锯了脚，郑念菊带领团队前去探望，并送上5000元慰问金和补品、水果等。这让叶言菜老人很是感动，逢人就夸："郑念菊真是个大好人呀，比自己亲闺女还亲哪！"

而像叶言菜老人这样的例子可谓不胜枚举。"有一年11月份的时候，丽水山体滑坡，一个晚上就有38个老人和小孩去世，我组织我们协会成员买了价值约2.6万元的东西，包括衣服、食物，带着十几个协会成员，包了一部大巴车连夜送过去。"郑念菊回忆说。

郑念菊深知，对于困难老人而言，物质帮助固然重要，生活中的不便以及精神上的孤独更需要施以援手。

2011年，郑念菊创办了"爱心居民服务部"，义务为五保户、低保户、残疾人等提供理发、刮胡须、剪指甲等日常的照料服务。5年来，郑念菊风雨无阻，为400余位老人提供了帮助。

长期的实践中，郑念菊进一步感受到，要更好地服务老人，必须掌握医学知识和技能。

为此，郑念菊一个人就订阅了10多份健康养生报刊，还常到新华书店去买关于老年人的健康知识等书，有新书到必买。

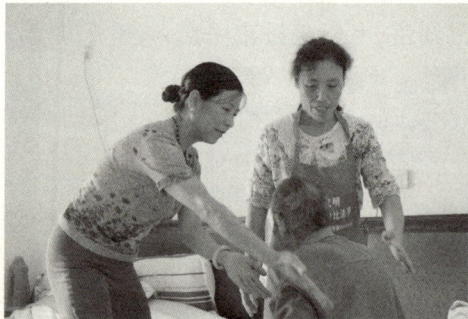

郑念菊在照料老人起居

除了专业知识，郑念菊还将业余时间都花在学习实践上。她特地去医院观摩医生护士的动作要领，学习量血压、按摩、急救、针灸等技术。

为了学习和掌握技术，"一家人齐上阵"在郑念菊家中已是司空见惯。

"打针我都是先在自己和丈夫身上试打，学了两个多月。自己还对着镜子试打静脉和臀部等部位。我老公被折腾怕了，现在看到针都害怕。"

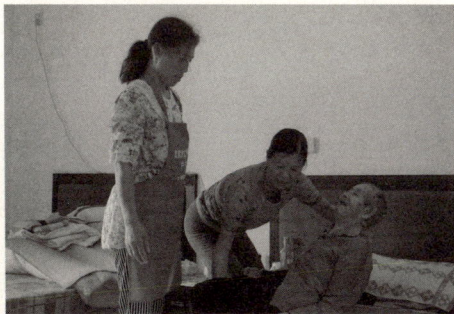
郑念菊在照料老人起居

而为了学习理发，她就拿自己儿子的头发实践。郑念菊唯一的儿子在 17 岁之前的头发全由郑念菊修剪。

郑念菊

"爱心托老院"开办后，郑念菊为了能够提升对老人的服务质量，经常自费去学习考察。郑念菊已多次到杭州、宁波等地学习日常护理等知识。1997 年她自费到上海民生敬老院学习参观，2007 年 9 月自费参加国家民政部在北京举办的老人院管理培训班学习，她是玉环县唯一一名参加民政部培训的学员。

"卫生院的医生也认可我的知识和操作，医生告诉我，碰到深更半夜有紧急情况的时候，像我们这样有专业知识还有操作技能的人的援助是很有必要的。"

郑念菊对自己的"手艺"很是自豪。她说，自己已经凭借知识和技艺救了不少人了。

"在长者公寓时，有位老人心脏病突然发作。我边给他做心肺复苏，边拨打 120。后来医生对病人的女儿说，多亏了我手脚快把老人送过去，晚一点就来不及了。"

而面对其他常见的老年病，郑念菊现在也是应付自如。"一些老人血压很高，我就先把降压药放在他们舌头下面，用手按住送到医院，医生说这样不会让病人的病情进一步加重，而是会让他们的血压慢慢降下来，否则直接送过来抢救可能会来不及。"

多年知识经验的积累，郑念菊所掌握的老年保健医疗等知识甚至可以媲美医师，在她的托老院里，7 名病瘫老人之所以能够康复，得益于她对医学和保健学的钻研。甚至通过自身努力，郑念菊还拿下了大专文凭。而这一切努力，归结点仍是一个——让老人过得舒心。

痴心不改做公益　无怨无悔写人生

痴心不改、无怨无悔是郑念菊十几年从事公益活动的写照。

郑念菊坦言，干再脏再累的活，她都不委屈，但是人们的不理解曾一度让她难以坚持。

"在托老院刚刚办起来的时候，家里老公、孩子都不能理解我，嫌我把家里的本都赔出去了，只顾着外面的老人家，把家都忘了。我往托老院里掏的钱都偷偷瞒着家里，不敢和他们说。"

郑念菊

2007年，"爱心托老院"中的一位老人家属，甚至因为一些小的经济摩擦，匿名写信到台州信访部门和民政局，称郑念菊虐待老人。这让全心全意扑在老人身上的郑念菊备感委屈。

"我当时一下就瘦了七八斤，觉得没有心力再将托老院办下去了。"

但几经考虑，郑念菊还是坚持了下来："能让老人好，这些委屈忍忍也就过去了。"

"爱心托老院"收养对象以失能、半失能者为主。对于家境困难的老人，郑念菊尽可能降低收费，对"五保"老人，则免除入住费。老人的家属常常给她送来礼品表示感谢，但郑念菊一概不收。

经营10年，"爱心托老院"收费标准仍然是最初的每人630元一个月。从1997年到2008年期间，养老院基本没有盈利。

"刚开始的第一年就亏空了8000块。最早时，托老院房租一年2.2万元，2008年租金升到5万元，各种支出费用都在涨。"这些年，郑念菊经常从自己家中掏钱给托老院，手头只要有一些零用钱，她都第一时间贴补在老人身上。

"早些年的时候，我经常趁老人睡了以后，到单位用电刀裁塑料布，加班到12点回来。这样的生活一直坚持了两年多，当时我一个月只有200块工资，这些工资很难完全补贴托老院的费用，我经常叫爸爸妈妈还有家里的亲戚、同学过来帮忙。特别是春节的时候，养护人员都要回家，我只能叫村里的一些关系好的干部过来帮忙。"

郑念菊的矢志不渝最终还是赢得家人及朋友的理解和支持，更获得了社会的尊重。但对于自己的付出，郑念菊仅仅一句话轻轻带过："我觉得现在我帮助别人，以后我老了别人也会帮助我。"

现在，郑念菊家里最多的就是各种感谢锦旗和各类证书，但对于郑念菊来说，每天该干的活她照旧一件不落。

"早上一般 4 点起床，下楼监督护理人员给老人家泡开水，准备早餐。中午不休息，晚上到了 10 点，也会巡夜，平时和老人一起住在托老院里，只有遇上公益活动，我才会出去。"

如今，在一批像郑念菊一样敬老爱老的榜样人物的号召下，玉环县加入孝亲公益事业的人也越来越多。

每年 11 月，郑念菊的"爱心雪球协会"一经微信发布"献爱心时间"，不少人都会参与进来，掏钱献力，一起为需要帮助的老人献爱心。这让郑念菊坚持慈善事业的动力更足了。

"敬老爱老本来就是我们的本分，再让我选择一次，我也还会选择这份事业，一直做到做不动为止。"郑念菊说。

在台州市，流传着《爱心百咏》这样一部诗歌集，它细致、生动地记录着台州市慈善事业的点点滴滴。诗集中对郑念菊这样描述：

终年侍奉意殷殷，孤老满堂享福馨。

至爱真情忙日夜，纵为己出几多情？

想必，这也是郑念菊大半生的奔波和奉献最真实的写照。

2016 年，在由中国新闻社、浙江省民族宗教事务委员会、浙江省老龄工作委员会办公室、浙江省青年联合会为指导单位，杭州灵隐寺、中国新闻社浙江分社、台湾佛光山、台湾旺旺中时媒体集团等共同主办的 2016 浙台孝亲人物评选中，郑念菊被评为十大孝亲人物之一，她的故事还将感染着更多的人。

郑念菊

卖房也要替公公治病
弱女子20余年风雨一肩挑

中新社记者 李佳赟

杨玉安

杨玉安为公公遗像拭尘

虽然公公已去世近一年,但杨玉安仍会不时轻轻地擦去遗像上的浮尘,摆正相框,看着老人慈眉善目的照片,静静地说上一段话,恍若老人还在。

浙江省宁波市镇海区九龙湖镇某一居民房里,住着一户普通的人家。说起这家的儿媳妇杨玉安,左邻右舍都会竖起大拇指。24年来,这个普通的农村妇女,悉心照顾着患病的公公,不离不弃,陪伴老人走至生命的尽头。

从青丝熬到白头,不善言辞的杨玉安默默地用最平凡的举动,演绎了人间至孝真情。二十几年来,她辛苦持家,侍奉公公,风雨一肩挑。她坚守的大孝之情,就像一个个动听的音符,在阡陌纵横的乡间被广为传颂。

24

独挑照顾老人重担

甘当"全职护工"

杨玉安家中供桌上摆着老人遗像

宽敞的水泥院落，雪白的外墙，在镇海九龙湖镇田顾村这一户普通的农村小院里，流淌着一出涓涓细流般的人间暖剧。

都说久病床前无孝子，可在老人王品善的病床前却守候着一位随喊随到的孝媳。二十几年来，杨玉安含辛茹苦地照顾着多病的公公王品善，并在老人生命的最后一段旅程中，每天帮瘫痪在床的公公穿衣、擦身、洗脚，没有丝毫抱怨。

1992 年，21 岁的杨玉安经人介绍嫁给老实巴交的丈夫王光明。因婆婆早年得病去世，婚后杨玉安就与丈夫的奶奶、丈夫的爸爸住在一起。开始几年，她和丈夫一起操持家里和地里，日子过得舒舒畅畅。后来奶奶因年老生病瘫痪在床，这副担子就落在了杨玉安身上。

奶奶在床上躺了大半年，杨玉安就默默地为她洗澡、梳头、捶背、剪指甲，精心伺候，从不厌烦。奶奶生前常说："这辈子能遇见这样的孙媳妇是我的福气。"

后来，奶奶故去，一直身患糖尿病的公公王品善身体也日益变差，下巴还长出了一个大瘤子，生性倔强的公公死活不愿意去医院看病，大家都拗不过他。眼看着瘤子越来越大，还渗出血水来，杨玉安几乎是哭着劝说公公："您要好好活着，我们家的主意还要靠您来拿。"最后公公才答应去医院看病。

在医院里，公公王品善在床上整整躺了半个月，媳妇杨玉安就在医院里服侍了半个月，擦身、喂饭、洗衣服，她没有一句怨言。同病房的人都羡慕老王有个好媳妇，真是胜过亲生女儿。

经历手术后，王品善的身子需要精心照顾。于是，酷暑寒冬，春去秋来，每天早上，王品善一睡醒，杨玉安就把公公扶起，给他刷牙、洗脸、喂药。一日三餐，杨玉安就做适合病人的"病号饭"端到公公的嘴边，一口一口地喂。平时再忙再累，晚上也忘不了给公公洗脚按摩。

这样的情景是 20 多年来的日常。

在常人看来,这些只是看似普通的生活琐事,但能长年累月地坚持,着实不易。杨玉安告诉记者,自从嫁进门的那天起,她心里便暗暗立了一个想法,要多为公公尽孝。

"公公这辈子很不容易,家里只有一双儿女,婆婆又早早因病去世。是公公一个人把闺女、儿子抚养成人,吃了很多苦。"杨玉安红着眼,哽咽说道。

"老吾老,以及人之老;幼吾幼,以及人之幼。"这是先贤们提出的为人处世的境界。这种境界,在杨玉安身上得到了充分的体现。

但是,杨玉安的细心照顾未能阻挡老人身体机能的弱化。2014 年,王品善由糖尿病发展为尿毒症,倔强的老人又想放弃治疗,但在杨玉安的百般劝说下,老人才住进了医院。

自从老人卧床后,为了能及时观察老人的动静,杨玉安夫妇甚至直接搬进了病房,不分昼夜地守护在病床前。

但王品善的身体一直不见好转,到最后,老人的活动范围就只剩下床。"公公的身体逐渐浮肿,脚也肿起来,全身动弹不得,只能躺在床上,大小便也需要家人处理。"杨玉安说。

当时嫂子忙着上班,杨玉安便咬牙独自揽下照顾公公的活,更加细心照料。除了将一日三餐送到床前,洗衣做饭、擦洗身体、把屎把尿,都成了她每天的"规定动作"。杨玉安回忆,刚开始清理排泄物时,公公还有点不好意思。杨玉安见状,不由分说默默地为其擦拭,老人感动得热泪盈眶。除了照顾公公大小便,她还要坚持为老人翻身,但这些活对于杨玉安来说,做起来很不轻松。每次帮公公翻一次身、换一次尿垫,她都要使出浑身的力气,背上的汗常浸透衣服。

俗话说,孝敬老人最大的难处就在于"色难",千难万难,难不过给老人一个好脸色。在这方面,杨玉安做得很好。

有时候,王品善因病痛难忍会无缘无故地耍脾气。"刚开始会有点委屈,但想到公公身体难受,心情不好也正常,尽我所能为老人减少一些痛苦,是我应该做的。"杨玉安总是面带笑容,想尽办法哄老人开心。

在老人生命的最后 15 个月,杨玉安和丈夫每天都在医院里,没歇过一

杨玉安缅怀公公

26

天。医院里的护士都不禁连连赞叹："这么好的儿媳妇,真少见,真孝顺,就像亲生女儿一样。"

诚然,杨玉安与公公没有任何血缘关系,但是20多年的照料扶持,他们的亲情早已超脱血缘的牵绊。

杨玉安像孝敬亲生父亲一样孝敬公公,村里无人不夸。王品善的朋友顾光兆告诉记者,以前,经常听到王品善逢人就夸:"有这样的儿媳妇,那是打着灯笼也难找啊,也是我上辈子修来的福气。"

就这样,杨玉安数十年如一日地孝养公公,用爱和孝去承载生活的艰难。但在这二十几年的时光里,她眼角的皱纹,却一天天爬上了曾经美丽青春的脸庞。

可以说,杨玉安把自己这一辈子最好的时光都给了这个家。

当记者问起杨玉安觉得亏不亏时,这个善良朴实的女人却淡定地说,反哺老人是应该的。"照顾老人确实需要付出很多,但进了一家门,就是一家人,只要老人每天过得舒坦,受再多的累都值得。"

风雨一肩挑

沉默中蕴含坚韧力量

2015年12月,王品善了无遗憾地走了,临走之前,他最感谢的人就是儿媳。这位老人曾说:"儿媳妇为我所做的一切,我都记在心中。"

回忆起公公去世时的画面,尽管已近一年,但杨玉安依旧难掩悲伤,说着说着,杨玉安有些哽咽:"公公去世时还安慰我们不要难过。他一辈子吃苦,没过上什么好日子,就这么走了。"

就是这样一个柔弱善良的普通农村女子,看着家中的老人接连病倒,也曾心急如焚,也曾多次暗自落泪。但在家人面前,坚毅的杨玉安却仿佛有三头六臂,将诸多烦琐而艰难的事情做得尽善尽美,用柔弱的肩膀撑起了一个风雨飘摇的家。

喂水喂饭、洗脸擦身、换洗衣物、全身按摩,一天忙下来,杨玉安经常累得像散了架,但她没喊过一声苦,柔弱的眼神中透出无限的坚毅。

为了给王品善治病,家中已花光了所有积蓄。后来,老人病情越来越严重,后续需要大笔治疗费用。深知家里经济状况,又看到杨玉安像一只不知疲倦的陀螺,在家里和医院两头跑,躺在病床上憔悴不堪的王品善看着也很心疼。有好几次，王品善故意发脾气："我要回家，这病不治了！"

杨玉安又怎么会不知道公公的心思，但她从来没有想过放弃。丈夫王光明至今仍印象深刻，妻子曾掷地有声地说："哪怕把房子卖了，也要继续给爸治病！"

"人要是没了，什么都没意义了，钱总会有办法的。"杨玉安告诉记者，当时她的脑子里就认准了这么个理。"公公就如亲爹一样，当时我心里只想着，只要公公还有一口气，我就会一直照顾他。"说话间，杨玉安泪如雨下。

这个普通的农村妇女，尽管识字不多，却深谙"百善孝为先"的道理。

杨玉安

为了改善生活，让家里人过上好日子，杨玉安还咬紧牙关，用柔软的肩膀，支撑起这个由三个男人和一个女人组合起来的特殊家庭。1996年，杨玉安贷款承包了50亩水田，种起了水稻，还办起了养鸭场。

家里家外，田间地头，杨玉安就像个永不停歇的陀螺，田头、鸭舍、家里三头跑，麻利地操持着一切。

娴静的外表，朴素的打扮，杨玉安或许并不引人注目，但柔弱的脊梁，是坚强的支撑。她心中蕴藏的坚强和毅力令人感到可敬可佩。

说起妈妈的勤劳，儿子王一源颇多感慨。在孩子的眼里，妈妈一天到晚没闲着，从东方肚白，到满天星斗，365天，天天如此。家务活、鸭舍的活，还要照顾爷爷的饮食起居，妈妈似乎总有忙不完的事。

虽然和妈妈一起上回街是奢侈的事，但懂事的王一源心里却从来都不埋怨。"妈妈平时又要顾家务，又要到医院照顾爷爷，平时还要照料我的生活，二十几年来一直如此，妈妈在我眼里就像个女超人！"

对于妻子杨玉安的付出，丈夫王光明却是一脸的愧疚，妻子的忙碌，有时候会让他感到心疼。在王光明看来，其实妻子本可以逃避，但她二话不说地承担了下来。而且为了给父亲看病，家里东拼西凑花了30多万元，但自始至终，杨玉安也没说过一个"不"字。

一路风风雨雨，一路坎坎坷坷，流过汗，流过泪，纵使青丝换白发，但杨玉安的眼神依旧坚定如初，在一个个如流水的日子里，坚守着爱与责任。

这个普通的农村女子，用二十几个春夏秋冬，诠释了"孝""爱"和"善"的内涵，以实实在在的行动诠释着大贤大孝的真谛，虽朴实无华，却坚韧有力。

爱在细微中

至孝无华显真情

在无数个日夜里,杨玉安默默付出的事迹感染着越来越多的人。在她家的抽屉里,满满地躺着"2007年感动镇海十大爱心人物""镇海区孝亲敬老好媳妇""九龙湖镇孝亲敬老好家庭""九龙湖十大好人"等一排排烫金荣誉证书。

虽然家中堆满了证书和奖杯,但朴实的杨玉安始终认为,自己的行为只不过是小辈的尽孝之举,非常平凡。"将心比心,谁都有老的时候,孝敬老人,这是做小辈应该做的事。"杨玉安告诉记者。

作为一个好媳妇,杨玉安没有感天动地的事迹,亦没有豪言壮语,而是以一个典型的东方女性心态,埋头做着她认为该做的事情,用无微不至的关怀,把"孝"字深深刻在自己的心里,抒写着"孝"的朴实无华,感染着乡邻。

虽然杨玉安一直强调自己的平凡,但在儿子王一源眼里,母亲的身形却很伟岸。"妈妈的一言一行是我最好的榜样。儿子看在眼里,记在心里。"这个不善言辞的小伙子笃定地说。

经历那么多风雨艰辛,杨玉安从没说过一句怨言。她经常教育子女要以善良为本,孝顺老人。身教胜于言教,孩子在杨玉安的影响下,也传承着至孝大爱、善良淳朴的优秀品质。

王一源告诉记者,在这样的家庭成长,自己汲取了很多的精神营养。母亲的平凡中蕴含着真情善举,他会继续将"孝"延续。这个22岁的小伙子还害羞地说:"以后也要娶像妈妈一样孝顺的媳妇!"

而在丈夫王光明看来,能娶到温婉善良的杨玉安是自己最大的福气。王光明说道,妻子不仅事无巨细地照料着家中的老人,结婚20多年来,夫妻俩也从来没有吵过架、红过脸,家中的氛围始终融洽和谐。

45岁的杨玉安,对"幸福"二字有着这样的理解:"家人是最宝贵的财富。自己的幸福观就是,有多少钱并不重要,一家人和和睦睦、平平安安,才是最大的幸福。"

回首一路走来的风雨,杨玉安认为,家人的爱和支持,是支撑她走过这些年的最大动力。"只要家人安康,所有的辛苦都是值得的。"

如今,这个家的生计主要依靠务农,公公的去世不仅留下了对这个家的牵挂,还有看病欠下的30多万元债务。尽管如此,杨玉安心中依旧抱有明媚的希望,在她看来,只要踏实本分,日子就会慢慢好起来。只要一家人凝聚在一起,

杨玉安

亲情的力量便可以战胜一切磨难。

在黎明的晨曦中,杨玉安的身影又穿梭在离家不远的田间地头,匆忙的脚步响彻人们的睡梦。洗衣、做饭、整理家务,施肥、锄草……这个简单朴实的女人又将日复一日,年复一年,以"勤劳为经,善良为纬",在匆忙的步履间苦心经营着这个羸弱的家。

就是这样,杨玉安用柔弱的身子,默默地经受着生活的风风雨雨,她把大孝至爱装在心中,用无言的行动践行着中华民族的立德之本,在母亲、妻子、媳妇的角色转换之中,杨玉安的身影娇弱不再,反而彰显着高与大……

杨玉安

杨玉安家中内景

"80后"杨江印：每月必去敬老院的外来媳妇

中新社记者　王逸飞

杨江印为老人洗脚

一件有些显旧的外套，一双沾染了些许泥渍的鞋子……出现在记者面前的杨江印，如许多农村女子一样，显得普通、平凡。然而若从"孝"的角度看，这位外表瘦小的"80后"，却比许多人都要高大。

生活在浙江省绍兴市嵊州长乐镇屠溪村的杨江印是贵州人，作为外来媳妇，她因在敬老院门前的一次路过，开始写下自己的孝道故事。工作顾家之余，每个月，凡有时间杨江印都会前往敬老院，照顾素不相识的老人。洗一次脚、剪一次发、聊一次天、散一次步……这些事情，一做就是6年。而她，把这一切称为一种"本能"。

"孝"为善待父母，"孝"更是及人之老。在人情冷漠逐渐成为社会焦点的背景下，杨江印却用她的"情之所至"，传递着来自基层最暖人的音符。

一次相望　她再也放不下那些老人

"要找到小杨,要么在厂里,要么在她家里,要么就在我们这里。"记者前来寻找杨江印时,嵊州市长乐镇延年敬老院负责人之一蒋水芬这样说道。

蒋水芬姐妹办的这家敬老院,并非人们想象般环境清幽。开车驶入并不宽敞的村路,一座不起眼的民居便是养老院的所在之处。而通过门口一道带锁的小门后,中间是一个数十平方米的小院,院子四周老旧甚至稍显黑暗的房间便是老人们日常休息的地方。相比于四周的民宅,这座建筑显得破败不少。

见到杨江印时,她正在院子里为一位老人修剪头发。她告诉记者,这座敬老院里,现在住着将近 30 位老人,有的是没有地方去

外来媳妇杨江印

的,有的是子女无法照顾的,年纪最大的一位已经有 91 岁。

忙碌的同时,杨江印还不时与几位老人闲聊几句。可以看出,老人和杨江印之间,无疑是极为熟悉的。

杨江印说,她认识这些老人,只是一次偶然。"6 年前,出来办事路过这家敬老院门口,便扭头往里看了一眼,透过门帘看到几位老人坐在这里,就带着好奇心'闯'了进来。进来站了一会,看到这么多老人,心里觉得很亲,又出去买了点香蕉、饼干等分给他们。"

她告诉记者,当时看到老人们很多身体不好、行动不方便,自己心里很不是滋味。那次回家的路上,杨江印也在心里决定了一有时间就要来看看他们。

"看到他们,我就想到以后老了的我,如果等我老了,生活也不能自理,我最希望的就是我的孩子们能多陪陪我,多跟我聊聊天。虽然我自己家里经济条件很一般,但可以陪老人说话,喂老人吃饭,给老人洗头洗脚,这样也很好啊。"杨江印说。

她回忆道:"第二次去就是帮他们扫扫地,帮他们把碗收起来洗掉。有位老

32

人看到我帮他做事情，就问我要不要钱，还要把钱塞给我。后来时间长了，他们就认可我了，现在都对我很热情。我现在就是尽量保证每两周能去一次敬老院，和老人一起待个一天半天，如果有事没能按时去成，我心里就不踏实。"

不仅去帮老人梳洗、打扫，杨江印每次去的时候还会买些水果、饼干分给老人吃。最初虽然其每个月只有近千元的收入，但她每次去为老人买礼物都要花100多元。

在接受记者采访时，一位老人从屋里缓慢走出来，当看到杨江印后，老人的眼里开始流出泪水。杨江印立即起身，小跑到老人身边，用手指轻轻拭去老人的眼泪后，跟老人聊起了天。没过一会，老人的脸上又挂起了孩子般的笑容……

"老太太的大儿子没有了，她一想到就很难过，年纪大了也走不出去，心里委屈没有地方说，看到我来了就流泪了。"杨江印后来向记者解释，每次她都会和老人聊天，老人所有的话都会跟自己说，哪里不好、哪里不舒服，把自己当作女儿一样。

提及对老人的好，在 1985 年出生的杨江印身上，还能举出很多例子。

78 岁的刘岩苗老人是哑巴，他的脚因为血液不畅一片青紫，杨江印得知后用手捧起老人的双脚，慢慢地浸泡到装满热水的脚盆里，轻轻揉了 10 多分钟。而多年前中风的邢友祥老人，至今右半身不能动，因为行动不便，洗脚洗头要别人帮助，所以平时洗得不多。而每次，也是杨江印这个素不相识的年轻女子无微不至地照顾他。

"敬老院里很多活又脏又累，连保姆都嫌弃，更别说外面的义工了。像小杨这种一干就坚持了 6 年的，真的是不容易，让人佩服。"蒋水芬告诉记者。

杨江印在为老人洗头

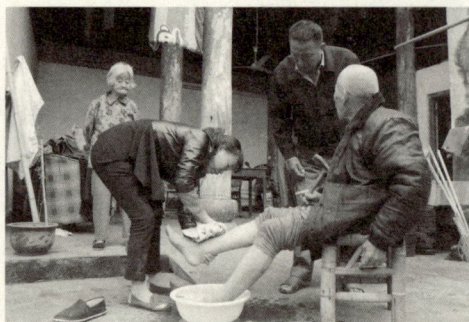

杨江印在为老人洗脚按摩

农家女儿：孝顺老人天经地义

以一份质朴情感，写就慈孝大义，在杨江印看来，这并不是什么值得"炫耀"的事情。她说，自己是农村人，懂得不多，但是自小在家里，便知道了孝顺老人是天经地义的。

杨江印出生于贵州省毕节市的一个小村庄。其父亲在当地乡政府做秘书，母亲则是地地道道的农民。杨江印说，在自己的父母身上，她学到了很多。

"以前爷爷身体不好，经常会将粪便留在床上，每次妈妈都拿去洗，毫无怨言。就这样一次两次，后来我看到后，也会帮妈妈洗掉。外婆在的时候经常肚子痛，有时候不论多晚，爸妈也都会跑出去给她抓草药。"杨江印说起往事，颇有些轻描淡写的味道，但并不难听出，关于孝道，她自小耳濡目染。

"为人子女，就要孝顺老人。"杨江印说，母亲这句简单的话，她至今没有忘记。

早在杨江印上高二时，希望挣钱补贴家用的她放弃了学业，来到东部地区打工。而如今回想起这一切，她颇为"自责"。

"当时先到了东阳，后来也去过西安，最后跟着丈夫来到了嵊州。父亲曾经来找过我，不愿意我嫁到这么远的地方，但是没有说动我。父亲回家的时候，因为有事需要穿一件白衬衣，但我因为时间太急没能买到，没想到父亲第二年就过世了，我欠父亲的那件白衬衣也没法还了。"说着，杨江印将头微微抬起，不让眼泪流下来。

"我就觉得欠父母太多，所以现在能多做点就多做点，能多回去一次就多回去一次。"她说，因为距离较远，自己只能两年回去一次，而且大部分是过年的时候，回家也就待一个月。但只要在家里，自己就会一直陪着母亲，给她剪指甲，替她干家务。

杨江印目前在一家民营机械厂做仓库管理工作，其丈夫则是当地一位装修工人。夫妻俩现在也与男方家老人同住。在日常生活中，杨江印并没有因常去敬老院而忽视对家中老人的关怀，洗衣做饭，洗脚洗头，这位外来媳妇的孝顺不仅让家人直言满意，也让其在村里有口皆碑。

谈及自己去敬老院照顾老人的行为，杨江印告诉记者，丈夫一开始并不理解，但现在也慢慢支持了。

"我家里住的是老房子，条件很差，丈夫希望我们先攒钱造一个新房子，把自己日子过好再帮助别人。但我觉得，应该尽快趁着有时间就做些事情，这与经济条件好不好关系不大。现在他慢慢也理解我了，不会阻拦我。"杨江印直言不讳。

值得注意的是，杨江印的孝，不仅体现在照顾自己家老人、敬老院老人上，还体现在其对村子里其他老人的关爱上。

一次，她从镇上买了猪蹄回家烧饭，后来想起隔壁邻居一位老人平时独自生活无人照顾，便把他叫过来一起吃饭。像这种"小事"，她也记不清有多少了。

她直言："有人和我说，在村里还是不要去做这些事，和你又没什么关系，闲言碎语太多。我默默地也想过，这么做到底是对是错，但后来还是觉得，只要自己心安，不必在乎那些看法。"

谈梦想——"未来想开家养老院"

每个人都有自己的梦想，包括杨江印。她说，自己希望能计越来越多人加入关爱老人的队伍，更希望自己未来能开一家养老院。

传承孝心，杨江印首先强调了她对儿子的期望。

今年，其儿子将满11岁。杨江印说，现在三年级的他，每次见到老人都能叫爷爷奶奶，每次吃饭都能给长辈夹菜，自己主动洗碗，她已经很欣慰。"不会过分强调什么，只希望能够教育好他，我嫁得这么远，也希望他能够孝顺一点，

杨江印的愿望是开一家养老院

35

在我年老的时候让我有个依靠。"她笑言。

虽只是一名普通的农家媳妇，但随着其故事被越来越多人知道，杨江印也开始用自己的影响力，通过建立义工组织，带动更多人关爱老人。

她介绍，目前其与其他爱心人士建立的关爱老人团已经有 80 多人的规模。每个月都会组织活动，慰问对象也不只是敬老院老人，还包括困难家庭、重症患者等。"团队建设起来，力量才会越来越大，就有越来越多人奉献自己的爱心。"

在敬老院里，杨江印指着一处无人的床铺向记者说，这里曾有一位盲人奶奶，自己之前每次来都给她喂饭吃。但不久前，杨江印来的时候看到床上空了，人不在了，询问后得知老人离世了，那种感觉说不上来。她说，时间久了，自己与那些老人已经有了感情。而这种感情，也正改变着她的梦想。

"以前希望坚持来看他们，陪他们，现在我想自己开一家敬老院。"杨江印坦言。

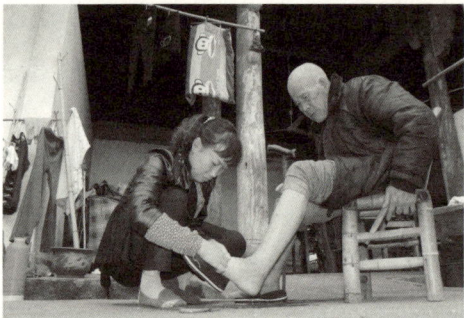

杨江印为老人修剪脚指甲

"按照现在我的条件，我关心不了太多老人，但是我从身边做起，先按自己的能力关怀老人。希望有一天，在自己的条件好了以后，能够把自己的养老院开起来。我相信做好事有好报，因为我们不去害人。"她说。

随着故事不断传开，杨江印开始被越来越多人点赞关注。如 2016 年下半年，在由中国新闻社、浙江省民族宗教事务委员会、浙江省老龄工作委员会办公室、浙江省青年联合会为指导单位，杭州灵隐寺、中国新闻社浙江分社、台湾佛光山、台湾旺旺中时媒体集团等共同主办的 2016 浙台孝亲人物评选活动中，杨江印成功入选。而对于荣誉，她始终看得很淡。

"我个人认为选不选上其实无所谓的，我只是按自己的心态去做事，遵循内心想法去做事。有没有名气也不重要，只要以善意的心态对别人，以善为主，从身边做起就好。最重要的是老人们开心幸福、家庭平安。"她的话,依然质朴。

正是这样一位平凡女子,改变了许多人关于"孝"的理解;正是这样一位外地媳妇,让浙江又多了一则动人故事。她心怀大爱,更付诸行动,她不图回报,只求老人一笑。日复一日,年复一年,她便也成了基层之中不凡的"丰碑"。

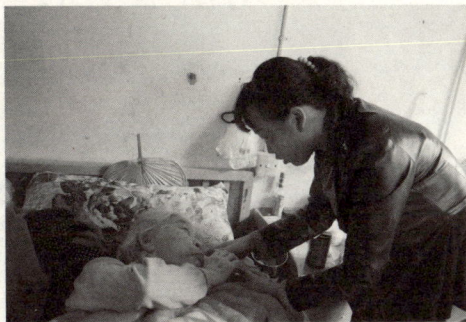

杨江印在接受记者采访　　　　　　杨江印在照料老人起居

杨江印

浙江云和孝女项海燕：
用稚嫩双肩撑起"残缺"之家

中新社记者　奚金燕

孝女项海燕

初秋的清晨，寒意袭人，浙江省丽水市云和县崇头镇贵庄村还笼罩在一片薄雾中，此时，项海燕早已梳洗完毕，拧开水龙头，淘米、煮粥，有条不紊。当第一缕阳光拨开云层，海燕轻声慢步地来到母亲房间，伺候母亲穿衣、洗漱、吃饭……等到自己坐下来吃饭，离天亮已经整整过去了2个小时。像这样忙碌的清晨，今年19岁的项海燕已经整整经历了8年。

11岁，对于很多人来说，尚是懵懂的年纪，或依偎在父母怀中，做着甜美的梦，或拉着父母的手去游乐园玩，享受着无忧无虑的童年。而这一切，对于出生在父母双残家庭的项海燕来说，是一种奢望。

由于家庭贫困，项海燕7岁就要上山砍柴，11岁就挑起了整个家庭的重担，洗衣做饭，下田干活，照顾父母和年幼的弟弟。命运坎坷，生活艰难，但她从不怨天尤人，也不埋怨父母。"是父母给予了我生命，带我来到这鲜活的世界，作为儿女，就应该无条件地回报。"

人间孝字当大写。在最青涩的年纪，项海燕以微笑面对困难，用稚嫩的双肩挑起了一个家庭的重担，书写了一段至善至孝的传奇。

稚嫩双肩扛起残缺的家庭

项海燕家中贴着不少奖状

清亮的双眼、清浅的笑容、清爽的马尾……初见项海燕，第一印象便是阳光开朗，那份美丽和自信，是许多同龄人所不及的。很难想象，眼前的孩子背负着一个不幸的家庭。

项海燕家住浙江省云和县崇头镇贵庄村，那是一个偏远而又贫困的山村。从一出生起，迎接她的就是一个残缺的家庭：父亲腿脚残疾，行动不便，而母亲患有精神疾病，生活无法自理。

父亲给她起名叫"海燕"，就是希望女儿能勇敢面对生活中的大风大浪。穷人的孩子早当家，从小海燕就要比同龄的孩子更懂事，清楚自己家里的困难，知道自己和别的同龄孩子不一样。7岁那年，她就能帮着爸爸上山砍柴，照顾父母还有年幼的弟弟。

然而命运并没有因为她的格外懂事而更显仁慈。初二那年，海燕父亲在打工时被大石碾碎了脚掌，从此彻底丧失了劳动能力。对于这个本就贫寒的家庭来说，这无疑是晴天霹雳。望着傻乎乎的妈妈，病床上日渐苍老的爸爸，还有年幼不懂事的弟弟，海燕幼小的心灵承受着巨大的伤痛和压力，常常躲在被窝里偷偷哭泣。

"爸爸是我从小唯一的依靠，我从没想过有一天他会倒下。那时候，我不知道问了自己多少次该怎么办……"即使那段岁月已然远去，但在提及时，海燕仍是忍不住落下了眼泪。

然而坚强的海燕并没有被残酷的现实打败，而是抹干脸上的泪水，在11岁的年纪，咬着牙扛起了整个家庭，代替父亲成了家里唯一的顶梁柱。

父亲倒下后，照顾母亲的担子就落在了海燕身上。海燕母亲由于病情时好时坏，经常惹出麻烦。尤其在冬天给母亲洗澡时，如果碰到母亲病发，场面就很难控制。海燕给母亲洗澡，母亲却一点也不配合，嘴里叽里咕噜地念叨个不停，

39

咒骂海燕,有时候还会打海燕。帮母亲洗好澡之后,海燕自己常常全身湿透,冷得发抖。

有一次,海燕倒好水后发现毛巾没有拿,于是匆忙跑去找毛巾,等找来后却发现母亲把洗澡水打翻了,整个屋子都湿了。于是海燕重新去倒了水,折腾完之后,母亲又把原本准备换上的干净衣服浸在了洗澡水里。海燕只好重新给她找来换洗衣服。别人只花十几分钟就能完成的事情,海燕常常要反复折腾大半天。

对于11岁的海燕来说,农忙时节是她最头痛的时候。那时,海燕力气小,还不会用锄头,可家里的番薯地泥土很硬,她只能勉强提起锄头,却把番薯锄得"皮开肉绽"。看着一地狼藉,海燕又气又心疼,心想着,这可是爸爸辛辛苦苦种起来的呀!

为了挖出完整的番薯,海燕干脆放弃了锄头,用手一个一个把番薯扒出来,挖着挖着手上就沾满了血。望着鲜血淋漓的双手,看着别人一大家子干得热火朝天,谈笑风生,海燕只能默默地掉眼泪,擦掉眼泪又低头挖番薯。花了几天时间,番薯终于挖好了,可是海燕却挑不动担子,只好用小篮子提回家,来来回回好几十趟,总算把番薯都运回了家。

在村里好心人的指导下,海燕渐渐学会了上山砍柴,学会了下田插秧,也学会了种菜施肥。从此,无论春夏秋冬,每天早上5点钟,海燕就准时起床,先给一家人准备好饭菜,然后帮母亲穿衣服,再匆匆吃几口早饭带着弟弟一块上学去。在学校里,海燕经常争分夺秒,争取放学前完成当天的作业,因为只有这样,放学后才有足够的时间干农活。

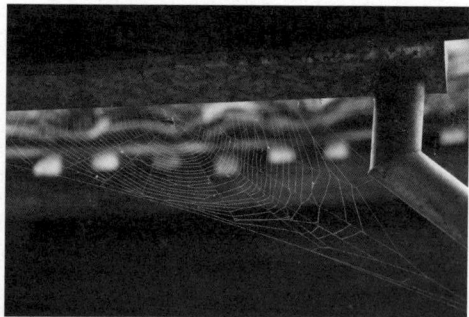

项海燕住在上了年纪的黄泥房中

由于年纪实在太小,海燕也曾闹出过不少笑话。记得有一回,家里的猪跑出来了,刚放学回家的海燕听说后,急坏了,那可是全家唯一的牲口!于是她二话不说,放下书包,捡起一根棍子就去赶猪。可猪根本不听海燕使唤,海燕只能

项海燕

满村追着猪跑。这一幕让村民们印象深刻。"小小个的女娃儿，追一头猪追得满头大汗的，真是太不容易了。"

还有村民告诉记者，在饭点的时候去海燕家串门，经常能看到小小的海燕，人还没灶台高，却硬是站在一只小凳子上，一手拿着铲子，一手撑着灶台，炒菜做饭。

"看着一家人吃上我亲手做的饭菜，就是再苦再累我都觉得值了。"谈及那段岁月，海燕稚嫩的脸庞浮起了淡淡的笑容。在海燕眼里，这一切都不算什么，只要父母还在自己身边，什么困难都能咬牙扛过去。

缺失的依靠与完整的爱

车出云和县城，行至云和梯田，一路向上，转过数不清多少个弯，至群山深处，就能看到几栋破旧的黄泥房，这便是项海燕出生的地方了。这个海拔 600多米的小村庄，如今只剩下了几位老人居住，很多条件稍好一点的村民早已搬下了山。由于人烟稀少，村里至今还没有通公交车，村民要去县城，需要步行40 分钟到镇里坐公交车。

云和县小村庄留守着许多老人

项海燕的家就在路边，是一座上了年代的老宅子。一个院子里原本住着三户人家，其他两户人家早已搬下山，只有海燕一家四口仍守着这座老宅子。海燕家住在院子的西面，楼上楼下两层，一共四个房间，都是年代久远的木质结构，已经残破不堪，人在楼上走，楼下簌簌地掉着灰。所幸经过好心人的帮助，现在楼顶都已经装上了天花板，避免了漏水、掉灰等情况。

记者来到海燕家时，已经是午后了。一进门，海燕就端来了一杯热茶。接过杯子，记者便心头一酸，手中的杯子杯口歪歪扭扭，显然是已经用了好多年舍

不得换。记者转了一圈发现，海燕的
家比想象中更贫困，整栋房子的窗户
连块玻璃都没有，只用一些破旧的布
堵着，勉强能够挡挡风。家里最值钱
的就是一台电视机和一个电饭锅，电
视机是好心人送来的，电饭锅是海燕
用打工挣的 60 元钱买的。

项海燕的父亲

父亲重伤后，家里没了经济来源，
本就寒碜的桌上菜更寡淡了，一家人
常常就着一盘当季的蔬菜吃一天，一年到头都见不到荤腥，有时候就吃些土豆、
番薯对付过去。记者看到饭橱里的三碟尚未吃完的菜，茄子干、萝卜干和山姜，
都是腌制过的。海燕父亲告诉记者，山上冷，腌菜比较下饭，省着点吃，吃上一
个星期都不会坏。

就是这样一个在别人眼里破旧不堪、家徒四壁的家，海燕依旧依依不舍。
读高中时，每个暑假，海燕都会去玩具厂打工，一天干 11 个小时能赚 45 元。待
在云和县城的那些日子让海燕觉得十分难熬："好想回去看看弟弟啊，想赶快回
去跟爸爸妈妈坐在一起吃顿饭啊……"不过海燕心里清楚，再难熬都得挺住，因
为家里一年的吃喝和姐弟俩的学费都指着自己呢。

由于家庭原因，海燕从小就体会了人情冷暖。每当别的同学围在一起讨论
"明星""去哪玩"的时候，海燕只能默默坐在位子上看书。"那时候真的感觉挺
孤独的，不过我也知道，我跟他们是不一样的。"海燕似懂非懂地向记者说道。

不过这些辛酸事都没让海燕往心里去，相反地，她十分珍惜这个家庭。在
海燕看来，父母虽然身体有残疾，但是给自己的爱并没有缺失。

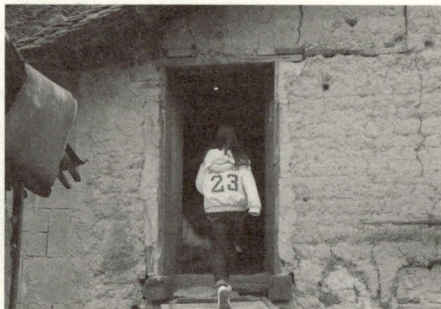

项海燕所住老房子外观

42

　　在海燕的记忆中，有一个片段让她印象十分深刻。那是在念小学的时候，有一天，海燕正在上课，母亲突然跑了进来，手中拿着半个橘子，硬要让自己吃。见到这一幕，全班同学忍不住哄堂大笑。这让海燕又气又恼，她看了一眼不知所措的母亲，一口将橘子吃了下去，憋着眼泪大声说道："你们有什么好笑的，这是我妈妈送给我的橘子，很甜很甜！"事后，海燕才知道，这个橘子是别人送给母亲吃的，而母亲舍不得全部吃完，只想着赶紧送给女儿吃，这让海燕又心疼又自责。

　　与母亲相比，海燕的父亲所给予女儿的爱显得更为隐晦。在海燕家背后有条用石头垒成的小路，直通山下，每次去镇里坐公交车，海燕都会从这条小路走，能省下一半时间。虽然走的人少，但海燕发现每次回家，路两边原本应该疯长的杂草都会被人除去，整条路干干净净，走起来十分顺畅。后来，海燕才知道，原来是父亲怕自己被杂草绊住脚，因此每隔一段时间，就会拿着砍刀，一瘸一拐地将路两边的杂草全部砍掉。

　　为了帮海燕减轻负担，海燕父亲尽管已过花甲之年，尽管行动不便，依旧会经常背着剃头箱，走村串巷帮老人剃头，赚取一份微薄的收入，补贴女儿。

　　更让海燕觉得暖心的是，比自己小3岁的弟弟十分懂事。父亲受伤那年，还在念小学的弟弟为了省5毛车钱，每天走一个小时的山路去上学。"每个星期给他4块钱，还能省下2块钱。"提到唯一的弟弟，海燕眼中盛满了心疼，殊不知，她自己更让人心疼。

　　或许，与大多数同龄孩子相比，海燕的一生都将负重前行，但她并没有就此认为命运不公。"是父母给予了我生命，带我来到这鲜活的世界，作为儿女，就应该无条件地回报。"谈及此，海燕稚嫩的脸庞露出了坚定的神色。

项海燕

闲余时光，项海燕喜欢画上两笔

项海燕为家人做饭

在穷途困境中振翅飞翔

转机发生在海燕初三那年。有一天，语文老师让大家写下自己的成长历程，也就是从这一天，海燕的经历才渐渐为人所知，有好心人伸出了援助之手，帮助她走过了最难熬的岁月。

"现在的生活真的改变了很多，每个月都有 1000 多块的低保收入，特别是跟云和县烟草专卖局的张叔叔结对后，学费方面减轻了很多负担。"海燕说道。

转眼间，海燕已经开启了大学生活。大学时光，是海燕最快乐的时光。"大学可以自由安排时间，不像高中，留给自己的时间更加充裕了，我们可以更好地支配时间。"海燕心满意足地说道。

目前，海燕正在丽水市一所幼儿园实习。幼师是海燕最向往的职业，这与她小时候的经历分不开。"小时候，家里穷，我没有上过一天幼儿园，看着别的孩子背着书包上幼儿园，特别羡慕。"海燕笑着说，自己算幸运的，小时候的遗憾等长大了可以弥补。

项海燕穿梭于客厅和卧室的"捷径"上

在幼儿园孩子眼里，海燕老师的脸上永远挂着笑容，说话清脆而又动听，就算有小朋友犯了错，海燕老师也会耐心地教导，从不乱发脾气。而在海燕眼里，这些孩子是最可爱的天使。"我很享受现在拥有的一切，因为这是我用双手挣来的。"

"衣柜40元、水电费50元……月支出500元。"翻开海燕的账本，每一笔支出都写得十分清楚。为了省钱，海燕从不下馆子，晚饭就在快餐店买一份饭和一个素菜对付一下，衣服一穿就是好几年。而省下来的钱，海燕都会留给家里，为爸妈添置衣物和吃食。

2017年6月，海燕将迎来毕业，这意味着她将踏入人生另一个重要阶段。

"我无法决定自己的过去，但我可以选择自己的未来。"提及最大的梦想，海燕毫不犹豫地说道，"等毕业了，我要努力工作，争取把爸爸妈妈和弟弟接到城里来住，带他们看看大山外面的世界！"

"当生活给你一百个理由哭泣时，你就拿出一千个理由笑给它看。"为了实现自己的梦想，项海燕把这句话写在笔记本上，不断给自己希望。对充满着未知数的未来，海燕充满着信心："最困难的时候我都经历过了，以后不管多大的风浪，我都不害怕。"

云和县留守老人

项海燕在困境面前的坚强与对父母的孝顺，令人动容。2013年，项海燕被授予首届"最美云和人"称号。同年，云和中等职校成立了以"海燕"命名的"海燕美德青年先锋队"。先锋队成立以来，在项海燕的带领下定期开展敬老院送温暖、免费家电维修服务、绿色保洁、"五水共治"植树、清理河道等活动，受到当地市民的赞扬。

2014年4月，项海燕成立了"海燕爱心超市"，号召全校师生募捐衣物，"有爱心来献，有需要来领"。在大家的努力下，爱心超市共收到募捐衣服5000余件，需要的老百姓只要花1元钱就可以到"海燕爱心超市"认购，认购衣物的钱再捐赠给偏远山区的孩子。

2014年5月，海燕获得"浙江好人"荣誉称号，她的故事飞出了浙南大山，感染着越来越多的人。

"其实我也曾有失落,也曾渴望躲在妈妈温暖的怀抱里撒娇,也曾想拉着爸爸宽厚的大手去游乐场玩儿……但与那些在地震等灾害中失去亲人的孩子相比,我觉得自己还是幸运的,至少我还拥有去爱家人的机会,我也拥有爱家人的能力。"眼下生活困苦,但海燕依然备感珍惜。

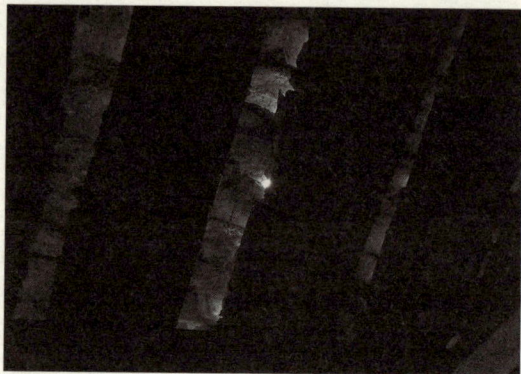
项海燕家屋顶有个大漏洞

项海燕

天将降大任于是人也,必先苦其心志,劳其筋骨,饿其体肤,空乏其身,行拂乱其所为,所以动心忍性,增益其所不能。生活给予项海燕的是毫不留情的重压,但她却扬起笑脸自信面对。"世界以痛吻我,我却报之以歌",这恐怕是海燕最真实的人生写照了。

好儿子舒洪江：
八年坚守风雨无阻　终铸孝亲楷模

作者　谢盼盼　涂艺

好儿子舒洪江

对于寻常百姓而言，"孝"意味着什么？给老人添置新衣，陪父母散心、谈天，为老人提供舒适的生活环境……这都是行孝。然而，尽孝虽易，坚持却不易。如若面对的是久病在床的年迈老人，或许对于很多人来说，长期的精心照顾和呵护就更难了。

然而，在浙江省绍兴市新昌县，就有这样一位既平凡又伟大的人——舒洪江。面对长年瘫痪的老母亲，他用八年的坚守，八年的风雨无阻，八年的细心呵护，生动诠释着"孝"的真谛。他的故事，传遍乡里，感动新昌。

曲折孝亲路　一走即八年

舒洪江现年47岁，家住浙江省绍兴市新昌县澄潭镇东丁村，每天清晨与黄昏，村头总能看见他骑车往返的忙碌身影。

舒洪江常年骑着摩托往返于家和工厂两地

舒洪江家中小院

舒洪江

　　舒洪江在距家近30公里开外的浙江省新和股份有限公司新昌基地（塔山）上班。作为工厂里的元老，舒洪江本可以十分方便地住在职工宿舍内。而每日匆匆往返于两地的原因无他，那就是回家照顾生病在床的老母亲。

　　八年前，舒洪江的母亲赵生花因脑溢血瘫痪在床，日常起居无法自理。

　　舒洪江家中共六口人，老父亲早于2011年逝世，一双儿女在镇上读书，妻子必须陪伴在孩子身边。家中剩下的，只有因小儿麻痹而自幼手脚残疾的弟弟舒洪明。这样一来，照顾老人的重任就落在了舒洪江的身上。

　　工厂、老家两头跑，滋味自然不好受。从家中通往厂子的路途近30公里，这其中还包括10多公里蜿蜒盘旋的盘山小路。天气不错、道路畅通的情况下，路上要花40分钟左右，如果碰巧撞上拥挤的上下班高峰，那么，舒洪江在路上就要耽搁1个多小时。

　　比起交通拥堵，舒洪江更害怕遇上糟糕的天气，那样路途将变得更艰难。连接村里和厂区的马路宽敞但并无树荫遮蔽。炎炎夏日里，舒洪江就得在酷暑下"暴晒"近1小时；寒冬里，凛冽的风从道路两旁刮过，刺骨寒冷；要是遇上雨雪天气，进村的盘山路更是潜伏种种安全隐患。

　　舒洪江说，遇上暴雨或是下雪，回家的山路走起来特别艰难，在转弯处摔跤，对他来说早就是家常便饭的事了。

　　然而，即便真遇到太过恶劣的天气，舒洪江也没有放弃过，就算坐城乡公交，舒洪江还是坚持回家。乡里人都说，这么多年来，舒洪江没有一天落下，上班、回家，时间掐得比村里的班车还准。

　　为了兼顾工作和照顾母亲，往返单位和老家，舒洪江要比别人早1小时起床，晚1小时吃饭。因为常年奔波的缘故，舒洪江的脸早已被晒得黝黑，满是皱褶，身体也大不如前。"这些年他天天往家赶，睡得晚，起得早，即使是铁人也会累倒的。"舒洪江所在的东丁村党支部书记张士南是见证人，他说，最近一次单位组织的体检报告上写着："舒洪江，左室高血压，胆囊息肉。"

舒洪江说，八年奔波虽苦，但也早成了习惯。"每天下班要是不回家看一眼老母亲，我心里就是不安。"他这样说道。

"我就是母亲的钟"

都说女儿是母亲的小棉袄，而在舒洪江家中，他则是母亲的一面钟。

2012年开始，赵生花的双眼失明，又常年躺在床上，什么时候天黑，什么时候天亮，什么时候该吃饭，什么时候该睡觉，全都由儿子舒洪江提醒。

比如这天，为了在家中接受采访，舒洪江中午时分便骑车赶回家中。摩托车马达"突突"声进了院子，赵生花老人听见马达声，一度以为已经到了傍晚，儿子下班回来了。"这么远，他天天回来，就为了照顾我。"说起大儿子，老人既欣慰又心疼。

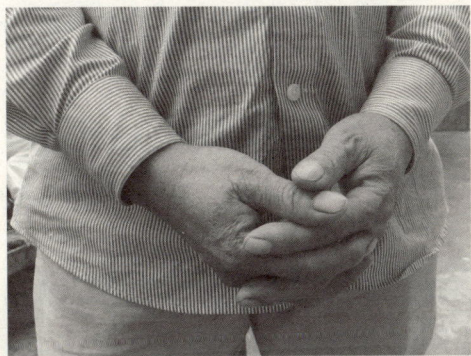
舒洪江的手常年劳作，布满沟壑

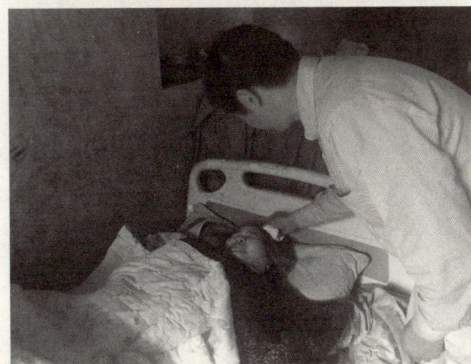
舒洪江为母亲擦汗

赵生花老人的床安置在厨房，屋内空气能流通，但采光并不好，地上堆满了土豆等粮食和柴火。舒洪江解释说，把床放在厨房，他就能最快地将做好的热饭递到老人口边，最快地把烧好的热水为母亲端去。到了秋冬，厨房烧饭的炉火，也能使母亲暖和一点。

为了方便照顾，舒洪江将自己的床搭在母亲旁边。赵生花一直睡得不太好，半夜也常常会突然醒来，因疼痛大声叫唤。舒洪江总会马上醒来照顾。"晚上不敢睡太熟，担心听不到我妈叫我。"夜里只要老人一有动静，他就能听到。

"每天晚上，我妈需要人帮着扶起来上厕所，喝水两三次，天气晴雨变化，她腿脚会痛，次数多的时候就要起床六七

舒洪江

次。夏天还行,到了冬天,夜里不停地
起床也有点辛苦。"舒洪江边说着,边
捋捋母亲的白发。

短短半小时的采访过程中,舒
洪江的目光总是不离母亲。一会儿
用吸管给母亲慢慢喂水,一会儿将
母亲身下的靠垫做做调整,一会儿
给母亲披披被角,又不时去看看母
亲中午该吃的药都及时吃了没有,

兜兜转转始终没有停过。

舒洪江喂母亲喝水前会罩上保鲜膜,插好吸管

给老人喂完水,舒洪江又开始给老人做腿部按摩。"在床上躺的时间长了,
如果不按摩,血气不畅,容易抽筋。"为了能让母亲腿脚舒服一点儿,舒洪江在长
时间的照顾中已经总结出了一套自己的方法。

整个按摩的过程,母子二人并未对话。八年照顾下来,两人已经培养出足
够的默契,母亲腿上哪里需要多揉揉,哪里需要力道轻一些,不用母亲多费口
舌,舒洪江了如指掌,力度把握得很好。

弟弟舒洪明在旁边守着,看是否需要搭把手帮忙。白天哥哥去上班时,舒
洪明负责照顾母亲,但是晚上,天生残疾的他根本无力照顾,给母亲按摩、擦洗
的工作只能由舒洪江接手,独自完成。

之前,舒洪江特地了解过,人在床上躺久了,如果不翻动,不勤擦洗,会长褥
疮,所以他在这方面特别细心。

"褥疮这个东西一旦长起来,皮肤溃烂了,一按就是一个窟窿,非常痛苦的。
我是绝对不能让我妈生这个东西。"舒洪江每天将水桶、水盆端到母亲床边,为
母亲擦身、洗头。也正是因为舒洪江的勤快和细致,老人身上没有丁点异味,头
发干净,卧床八年,没有生一个褥疮。

"你们看看,老人气色不错,这说明舒洪江照顾得很好。"陪同的村干部章景
见证着八年来舒洪江的付出,对他的耐心和细致称赞不已。走进房间,没有异
味,空气清爽,虽然家庭经济条件不好,但舒洪江把有限的时间、精力、财力都放
在了母亲身上。

舒洪江坦言,自己在工作时,最害怕的就是接到家里的电话。"给我打电
话,说明妈妈出事了。"语言虽朴实,但是话里话外流露出的是满满的儿子对母
亲的牵挂。

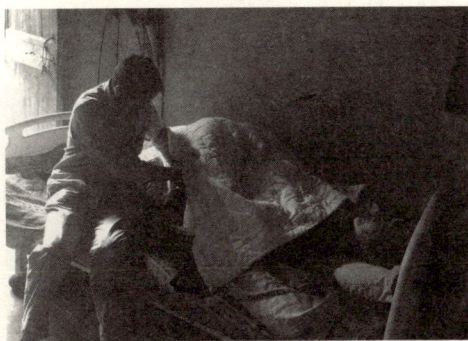

舒洪江为母亲按摩

舒洪江获得的荣誉

舒洪江

弟弟舒洪明这么多年来将哥哥的一举一动都看在眼里，自己手脚不便，没能帮上哥哥更多的忙，舒洪明既心疼又愧疚。他无可奈何地说："我自己在家只能帮上很少一点忙，有时候自己洗澡、做早饭，都还要哥哥搭把手。8 年来哥哥一个人照顾我们俩，把自己的身体也搞坏了，腰椎不好，胃有毛病，有几次偷偷看见他往自己背上贴药膏。"

村党支部书记张士南也十分感动地说："不管刮风下雨每天陪母亲，这种人确实是好青年，许多年过来他对母亲一点也不怨，很尊重母亲的。"

当问起舒洪江是什么信念支撑着他 2000 多个日夜一直坚持，这个不善言辞的男人想了好一会儿，才吐出一句："我妈把我和弟弟拉扯大，现在她病了，我只想在她活着的时候好好照顾她，让她高兴。"

一人兼多职　用肩膀扛起整个家

舒洪江的双手宽厚、粗糙，沟壑纵横，呈褐黄色。这很容易让人联想起名画《父亲》中的那一双手。但是，舒洪江肩负的不仅仅是父亲的角色。

舒洪江一家六口人，除了为已逝父亲治病遗留下的 4 万元债务，还有母亲常年所需的高昂药品费用。舒洪江膝下一双儿女，都在读书，正是要用钱的时候。为了照顾孩子，舒洪江的妻子没能工作。全家的经济重任全落在舒洪江肩上，一个月 3000 元左右的工资显得紧巴巴的。

为了补贴家用，舒洪江工作上只能更加卖力，但家庭的重任并不影响舒洪江对工作的热情。

作为职工，舒洪江一直是一个爱岗敬业的好榜样。1997 年进厂以来，舒洪江辛苦打拼了 19 年。经过多年的勤学苦练，他先后考取了锅炉压力容器证、钳工技师证等,成了公司的电焊能手、车间压力容器的专业维修人员。在公司举办的劳动技能比武中,舒洪江还屡次获奖。

作为兄长,舒洪江是一位好大哥。弟弟舒洪明从小就是由哥哥舒洪江照顾。舒洪明目前居住家中,无法劳作。作为大哥,吃饭、洗澡、穿衣、做饭,舒洪江会尽力帮助这个打小一起长大的兄弟。多年患难与共,两兄弟没有因为生活的清苦闹红脸,感情反而更加深厚。

作为父亲和丈夫,舒洪江面对镜头时,却显得有些愧疚。舒洪江每天往返城乡,使得他跟妻儿长时间两地分居,生活十分不便。对于孩子,舒洪江更是无力操劳。舒洪江说,虽然妻子和孩子十分体贴和支持他,但他心里"不大好受"。

舒洪江

他说:"我自己每天在厂里和家里奔波,照看孩子全靠老婆,自己还真的没有太多精力关心他们,说实话面对他们的时候,我很不好意思。"

10多年前,舒洪江前妻去世,留下一个女儿,今年16岁,在镇里上初中。2005年,舒洪江再婚后,在厂里的宿舍安了家,和妻儿一同生活。小儿子今年11岁,上小学四年级。

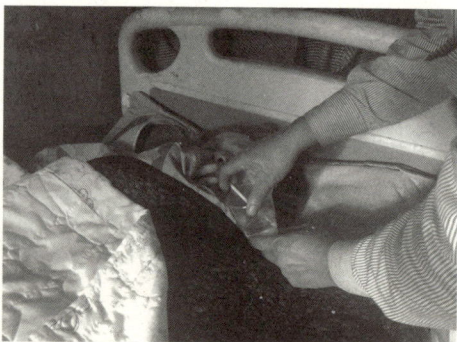

舒洪江喂母亲喝水

舒洪江家外景

舒洪江自认对孩子很是亏欠,但在旁人看来,舒洪江对家庭的付出,正是用自己的实际行动为孩子们树立着榜样,以身作则,教会他们"尊老爱幼"。

一家的日子虽清苦,但是也有其间的乐趣。舒洪江在自己家门前一小块地里种上青菜,每天傍晚回家,料理好老人后,他就会到地里除除虫,浇浇水。"种点菜,一方面省点钱,另一方面自家菜健康一点,我妈也能吃得放心。"

走进他们家的院子,一眼就可以看到舒洪江种的花花草草,而在房子的墙上,则是一串串挂起的干辣椒,风吹过,辣椒在风中"起舞",红灿灿的颜色仿佛昭示一家人生活清苦却不失希望。

　　接受采访时，舒洪江一边逗得家里的大狗团团转，一边向我们介绍，每周末，他都要带着妻儿回家团聚，一同在母亲床前照顾，陪老人说话，和孩子们交流感情，"多尽一点父亲的责任"。

　　作为儿子，舒洪江在母亲面前尽孝；作为大哥，他要长年照顾弟弟；作为父亲，舒洪江还要尽到为人父的责任，彰显"父爱"。舒洪江的生活忙碌、清苦，但也充实。按照舒洪江自己的话说："钱可以慢慢挣，但是这份情却只有一次。"

　　多年来对家庭的担当，也让舒洪江成了村子里的榜样。2015年，舒洪江一家获得了"新昌县十佳最美家庭"的称号。同年，舒洪江又获得了第四届"感动新昌"十佳道德模范。得到了荣誉后，舒洪江的生活并没有改变，他仍坚持每天回来照顾母亲。"这是我唯一能为母亲做的事，再苦再累也值得，反正自己年轻不要紧，会过去。"

　　谈到对接下来日子的打算，木讷的舒洪江又结巴了："我想得不远，想得再多，不如把每天要做的事做好，过好一天是一天。"

　　如今，舒洪江的事迹还在带给更多人感动。

　　2016年，在由中国新闻社、浙江省民族宗教事务委员会、浙江省老龄工作委员会办公室、浙江省青年联合会为指导单位，杭州灵隐寺、中国新闻社浙江分社、台湾佛光山、台湾旺旺中时媒体集团等共同主办的2016浙台孝亲人物评选中，舒洪江也成了30名入围的孝亲人物。他的孝亲故事，还将在浙江大地上传递。

舒洪江

舒洪江擦拭获奖证书

舒洪江母亲常年依赖药物

一肩扛父亲一手挽母亲
浙江孝子石兴汀孝心孝行书至孝

作者 李倩倩

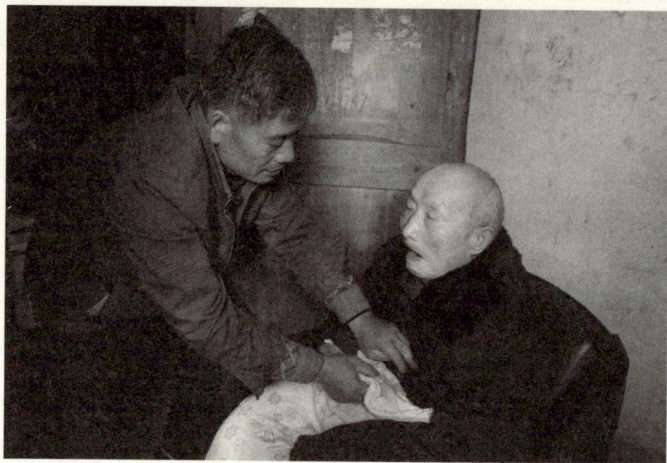

52 岁的石兴汀和他父亲

是谁，在我们初到人世的时候，聆听了我们牙牙学语？

是谁，在我们尚是稚童的时候，带着我们蹒跚学步？

又是谁，让自己的青春年华随着岁月老去，就为了换来我们成长的天地？

是父母。

人们常说：父爱如山，母爱似水。的确，母爱细腻，叮咛嘱托，天寒加衣，总怕你吃不饱，碗中的饭菜总是添了又添，打来的电话，又总有千万个不放心。父爱深沉，没有那么多的嘱托，但是在你需要的时候，总是会全力支持你。因为，父爱中蕴藏着的是太阳的光辉，是莽莽苍苍山林的气息。无须语言，甚至不管何种方式，父爱，只默默生成，慢慢积淀，静静流淌……

乌鸦反哺，羔羊跪乳。父母的无私之爱，造就了中国自古"百善孝为先"的传统。孔子曾言："孝弟也者，其为仁之本与。"苏辙亦曾说："慈孝之心，人皆有之。"孟郊也曾发问："谁言寸草心，报得三春晖？"

2004 年，感动中国人物田世国捐肾救母，把自己生命的一部分回馈给病危的母亲。在善意的谎话里,母亲的生命也许依然脆弱,但是孝子的爱已经坚如磐石。

而在2016年的今天,在浙江省绍兴市新昌县大市聚镇何梁浦村何家自然村的一间屋子里,已经52岁的石兴汀,正在一口一口地喂着老父亲吃饭,用孝心孝行书写至孝。

一肩扛父亲　二十余载不辞艰辛

从新昌县城向东,一路驱车20余公里,就到了大市聚镇何梁浦村的村口,再往里沿着左边的小道一路向上,大概1公里处,就来到了石兴汀和他父亲二十余年来的居住地。

房子四周早已小楼林立,唯有这处,还堆放着低矮、破旧、嶙峋、裸露的砖块,墙面早已发黄,屋梁木板上经年累月留下来的厚厚灰尘,仿佛在诉说着数十年来的岁月沧桑。

"这里以前是村里的牛棚,三十多年前被我父亲买下来,分给二哥做新房。"

石兴汀告诉记者,数十年来,家里一直以种茶为生,日子不甚宽裕。但是年轻的时候,要强的父亲,还是硬从牙缝里省下了钱,为他们三兄弟安排好了住处。而这处,就是三十余年前买下来的牛棚。

"那时候没钱装修,就是把墙围起来,装上个门,算是安了家。"石兴汀说。

兄弟三人各自成家,三个姐妹也都出嫁,原以为,操劳一辈子的父亲,终于能安心,稍稍休息一下,不承想,因为早些年的劳累,父亲原本只是稍微有些发抖的四肢,却在那一年的冬天,剧烈颤动,双手连筷子都握不牢,直至有一天,再也无法起身,自此,床成了这位劳碌了大半辈

石兴汀的家由牛棚改建而成

子的老人下半辈子的活动区域。

"那个时候，去了好多医院看，医生都说治不好。"石兴汀回忆，因为交通不便，自己只能一步步背着父亲，在各大医院里辗转求医，却无奈一直得不到好的消息，有的医生甚至还告诉他，老爷子的日子，可能不长久了。

不信命的石兴汀怎样也不愿就这样放弃将自己抚养长大的父亲。那一年，他把瘫痪的父亲和年迈的母亲送到空置已久的二哥家中，自己也收拾行囊，住到了他们的隔壁，就因为，这里进出门没有楼梯、石栏的阻绊，就因为，这里比起自己背阳的家里，多了几分冬日的暖意。

石兴汀

走进石兴汀父母的房间，虽然只有几件简单的家具，但房间收拾得非常干净，也没有什么异味。他父亲躺在靠窗的床上，脸色红润，除了牙齿掉得差不多了，看上去根本不像一位在床上躺了二十多年的老人。

这几天，寒潮来袭，石兴汀担心父亲受冻，又从家里抱来了一床棉被，紧紧地裹着老人。屋外虽然寒风凛冽，屋里却暖从心来。

"我几个兄弟姐妹大多在外面，都有着自己的事业，只有我在老家，跟父母住得最近，又没什么事业，我就让他们安心闯事业，父亲我来照顾。他们都很好，父亲需要用钱，他们总是积极提供；父亲有什么事，都主动来帮忙。"石兴汀说。

石兴汀家外观

每天早上5点钟，石兴汀就准时起床，开始一天的忙碌：照顾父亲大小便，烧水给他洗脸、擦洗身子，再换上干净的衣服，如果床单弄脏了，也一并换掉……做好卫生工作后，石兴汀开始做早饭，再一口口喂父亲吃下。每次给父亲喂饭，他都像对待孩子一样，唯恐烫着、噎着父亲。

等他安顿好父亲出门干农活，已经是8点半之后的事情了。10点钟，也就是石兴汀离开父亲一个多小时的样子，他又回到父亲的身边，给父亲翻身、换褥垫、按摩、洗衣服等。

下午1点半左右，石兴汀又"忙里偷闲"地出门干个把小时农活，3点半左右又匆匆返回伺候父亲。村里有人打趣："别人是早出晚归，而你是晚出早归。"石兴汀总是摸着脑袋乐呵呵地回应大家。

"我爸还有点脾气呢，不听他的不行。"说起在病床上躺了二十多年、自己端屎端尿伺候了二十多年的老父亲，石兴汀好像在说一个孩子一样，满脸的笑容，语气里充满着"溺爱"，"有时候，饭烧好端去给他吃，他却不吃。我就随他，等他想吃了，我再烧给他吃。有时候，饭刚吃完还没洗好碗，他又喊饿了，我就再给他喂点豆腐花什么的……"

为防止皮肤溃烂，石兴汀还每天费力地把沉重的父亲拉起来，背来抱去。每隔半小时帮老人翻一下身，每隔一小时为老人换一次褥垫，每天为老人做两次按摩，擦洗一次身子，天天为老人洗衣服。

石兴汀家中只有寥寥几样家电

石兴汀说："父亲下半身的肌肉神经坏死，肠胃的消化功能也退化了，活动一下有助于肠胃的蠕动。如果整天坐着，屁股上的肉会烂。"在他的精心照料下，老人的身体状况一直较好，几乎没得过褥疮。"家里兄弟姐妹也都能安心在外工作。"

说起石兴汀这个弟弟，石兴汀的二哥就红了眼圈："小弟真的好，要是没有他这么尽心尽力照顾，我爸早就没了，有几个人可以在床上躺二十多年的呀！"

"久病床前有孝子"，二十余载光阴眨眼而过，石兴汀也从一个壮年小伙变成了一个两鬓斑白的老人。然而，对于他来说，现在最期盼的，却还是能再有第二个、第三个二十年，能让他背着父亲，继续问诊寻医。

一手挽母亲　一通电话述说亲情

幸福的家庭大都相似，不幸的家庭却各有各的艰辛。二十余年前，石兴汀的父亲突然瘫痪在床，然而在五年前，石兴汀的母亲也不慎摔伤，右半边瘫痪，只能终日躺在床上。

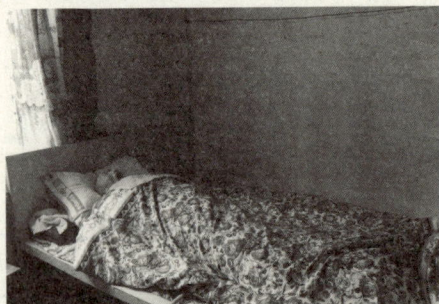

石兴汀父母二人长年瘫痪在床

石兴汀

　　一间屋里躺了两个瘫痪老人,换作别人可能都会犯愁,但石兴汀仍然用他的孝心和孝行,在父亲和母亲两个床头间忙碌。

　　每餐,妻子做好饭后,他总是先端给母亲吃,然后自己以最快的速度几口吃好饭,再端给父亲喂他吃。

　　"我妈虽然80多岁了,但是脑子可清楚着呢!"石兴汀告诉记者,在自己外出期间,如果父亲有什么事情需要他帮忙,母亲就会摸出放在床头的手机,给石兴汀打电话。接到母亲的电话,石兴汀就会放下农活,马上飞奔回家。

　　何梁浦村的村党支部书记石夫凡就对此印象深刻。他告诉记者,因为自家的地和石兴汀家的挨在一起,平时劳作时老是会碰到,两人就经常一边锄地,一边闲聊。

　　这天,到田地里除草的石夫凡正好碰见石兴汀在田间地头挥舞锄头,刚说上两句话,就听见一阵"老娘来电……老娘来电……老娘来电……"的电话铃声响起,只见石兴汀接起电话,听了两句,就把锄头一扔,赶紧往家里跑。原来是石兴汀的老母亲打来电话告诉他,他父亲大小便又失禁了,让他赶紧回去。

　　"我就看到他一个劲儿地往家里跑,连锄头都不要了。"石夫凡回忆。

　　"农活有时间可以再去做的,不赶。"在石兴汀的眼里,父母的事,永远都排在第一位。

　　"他们两个一会儿都离不开我弟弟。有时候,我在这里帮忙,把他俩安顿好,我在门口洗衣服,他俩一会儿不见人,电话就打去弟弟那里,我弟弟就急匆匆赶回来了。"说起父母的"黏人",石兴汀的哥哥又好气又好笑,"地里的活要干,爸妈又要照顾,真的难为他,好在弟媳妇人也好。"

　　"我妻子茶叶炒得好着呢!"说起妻子,石兴汀很自豪。因为自己必须"主内",石兴汀的妻子几乎成了养家糊口的顶梁柱,每年春茶期间都外出收购青叶,再拿回家叫人帮忙一起炒制,所炒制的龙井茶总能卖出好价钱。

平时,妻子默默包揽了家里大部分农活和家务,让石兴汀有更多的时间伺候病床上的二老。为了方便照顾老人,他们还专门捡他家周边村民不种的田地来耕种,就因为那些田地离家近,几分钟内就可以赶到。

"父母把我们拉扯大不容易,现在父母瘫痪了,我也要照顾好他们。"石兴汀笑着说,"把父母照顾得好好的,我自己心里也舒服,很幸福。"

为了更好地照顾二老,石兴汀索性在老父老母床边搭了张小床,有时候就干脆打个地铺。"因为我老父真的是一点也不会动了,冬天他再冷也不知道盖被子,夏天被蚊子咬得再痒也不会动弹一下,所以,我一定要在他身边,随时帮他做这些事。"

据石夫凡回忆,有一年台风来袭,村里组织村干部巡逻。半夜,自己巡逻到石兴汀家门前时,透过窗口,就看到石兴汀正在为二老驱赶蚊虫。初秋微凉,石夫凡的心却感到十分温暖。

石兴汀85岁的老父长年插着导尿管,每半个月要去医院换一次,而且很容易尿路感染。每一次换导尿管的时间,石兴汀都仔细地记录在一本小笔记本上,从没落下。每次去医院,他都要把父亲抱上车,抱着上医院的楼,再抱到病床上,换好导尿管后再抱着老父上车回家。抱着父亲楼上楼下地走,这是桩很需要体力的活。

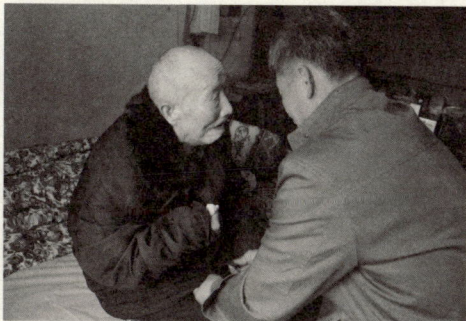

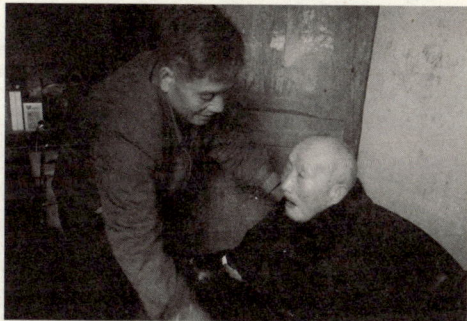

石兴汀常常需要抱着老父亲看病就医

有人问石兴汀身体吃得消吗?他却只是笑着说道:"我老父喜欢我这样抱着他走来走去,这样他身体会更舒服点。"

其实,每一次从医院换了导尿管回家,石兴汀都会累得全身虚脱,趴在床上不想再起来。但只要母亲专有的电话铃声一响起,他就会立即弹起来冲过去。

二十多年间,石兴汀的生活已没有规律可言,但无论有什么事,对于石兴汀来说,老父老母的事都是最重要的。

有一次，石兴汀感冒发烧，温度很高。医生让他输液，他死活不干，只在卫生所拿了点退烧药就走。他说："我不能生病啊，我家里还有两个老人在等着我呢，我没有生病的权利。"

因为家中有瘫痪老人，二十多年来，石兴汀不曾出过远门，过年也没有走过亲戚串过门，连喝喜酒也不去。家成了他坚守的阵地。他就这样坚持着他纯朴的孝心，坚定着照顾父母的信念，坚守着生病的父母。

2015年，石兴汀的母亲去世。石兴汀这个年过半百、二十多年来始终笑对生活的汉子，那一刻却哭得像个孩子一样无助。因为，对于他来说，瘫痪的父母从来不是他的负担，他们一直是他的爱，能够服侍父母是他的幸福，而母亲的离世，让他感觉仿佛失去了半边的天地。

沉痛之后，想起还躺在床上待人喂饭的老父亲，石兴汀擦干了泪水，继续抱起父亲，喂饭，翻身，按摩……

让爱传递人间大孝

当代散文家余秋雨在一篇文章中写道："一切远行者的出发点总是与妈妈告别……而他们的终点则是衰老……暮年的老者呼喊妈妈是不能不让人动容的，一声呼喊道尽了回归也道尽了漂泊。"

慈孝，是人类一个亘古不变的主题。

父母慈爱，子女孝顺。我们赋予"慈孝"二字太多的诠释，也赋予它太多的内涵。

没有史诗的撼人心魄，没有风卷大海的惊波逆转，慈孝就像一场春雨，一首清歌，润物无声，绵长悠远。

照顾全身瘫痪的病人，要花费的精力和心血常人难以想象。

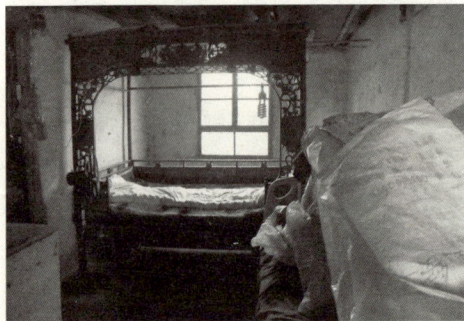

石兴汀家布置得十分简陋

　　石兴汀，一个普通的山里汉子，在父亲全身瘫痪二十年之久，母亲后来也半身瘫痪的情况下，没有怨天尤人，没有丝毫嫌弃，更没有推脱不管，恶语相向。他默默地挑起了照顾父母的重担，天天为老人喂饭、洗衣，照顾老人大小便，在他那里是那么理所当然，那么快乐有加。

　　为什么他能做到这样？或许，就是因为石兴汀没有把瘫痪的父母当成他的负担，从来，他们都是他的爱，所以，他才会这么细心、耐心地呵护着他们，就像小时候父母呵护他一样。

　　孝心是人类最普通的一种交流方式，有孝心的人，他的生命、他的生活一般都会成功，至少他会问心无愧，活得坦然。

石兴汀

　　人在做，天在看。石兴汀孝敬老人，得到了兄弟姐妹的尊重，也得到了子女的孝敬。他的孝心也在潜移默化中传给了孩子们。

　　在石兴汀家，小辈们都很关心老人，老人有什么事都会主动出钱出力。石兴汀告诉记者，老人床边的专用坐便器是他大哥的女儿买的。孩子们回家看望老人的时候总是大包小包的，全是为老人准备的吃的、用的。石兴汀的女婿和侄女婿也都跟石兴汀一样，牢牢地记着老人换导尿管的时间，即使在外地，也总有一个人开车回来把老人送去医院。每次，都是他们和石兴汀一起把老人抱上车，抱上病床，换好导尿管后再抱上车接回家……

　　"我的电话费都是我女婿充的，那时候，还把我和我母亲的手机都加了亲情网，我母亲有事找我，老方便了。"石兴汀回忆。

　　的确，"慈孝文化"历来是中华民族传统文化的重要组成部分，早在春秋战国时期，孔子首创私学，就把"孝"放在教学首位。子曰："夫孝，德之本也，教之所由生也。"几千年来，作为道德根本教化根源的孝道，已成为中华民族传统文化的主线，影响并深刻地教育了一代又一代中华儿女。

　　从乌鸦反哺到羔羊跪乳，无不显示了中华民族"百善孝为先"的优秀传统美德。

石兴汀家的外观与厨房

61

　　但如今，古代众人皆知的"二十四孝"有多少是我们可以做到的呢？像"负米养亲""卧冰求鲤"，因为生活条件的改善，我们没必要去做。但是，我们可以做到当父母赶不上自己的步伐时，牵着父母的手一起走，就像那时他们为我们操劳着一样，就像那时他们牢牢地牵着我们的手一样。

　　人人都会老，会有需要子女照顾的那一天。希望每一个人都能像石兴汀一样，像父母照顾我们一样照顾父母。

　　让孝心这份人世间最美的真情，代代相传，开出更美丽的花朵！

石兴汀

孝亲人物盛建国：行孝为善呼唤理想世界

作者　陈丽莎

"最美萧山人"盛建国

对盛建国而言，这一年来，过得与往年不大一样。2015年底，他的丈母娘离世；2016年清明节，他的母亲离世。而这两位老人生前，正是由盛建国常年照料。看着空荡荡的家里，老人的离世让盛建国觉得生活仿佛缺少了些什么。

盛建国，今年54岁，浙江省杭州市萧山区临浦人。虽是普通人，却做了很多普通人不曾做到的事。他长年照顾患病的丈母娘和亲娘。近十年来，更是放弃工作，只为扛起这个重任，且从来没有怨言。他一直说，这只是自己的分内事，理所当然。

慈孝，细化到生活中，也许就是一个真诚的表情、一声关切的问候、一个暖人的举动、一顿热乎的饭菜，说起来寻常做起来却不简单。

百善孝为先。盛建国的孝行感动了他身边的每一个人。因恪守孝义，盛建国曾被评为第四届萧山区"美德标兵"暨"最美萧山人"，上榜"十佳和谐家庭""敬老好儿女金榜"，被提名杭州市"最美杭州人"之"孝亲敬老之星"等，光环之下尽是点滴付出。

日 常

10年前,盛建国的丈母娘患上了老年痴呆症。他看在眼里急在心里,跟妻子商量后,决定把丈母娘接回自己家来照顾,从此就担起了照顾老人的重任。随着时间的流逝,老人病情越来越重,生活无法自理,常年动弹不得,大小便失禁,随时需要有人在身边照顾。

盛建国原本做点五金配件小生意,面对病情每况愈下的丈母娘,他便渐渐放弃了店铺,一门心思做丈母娘的"全职护理"。

盛建国

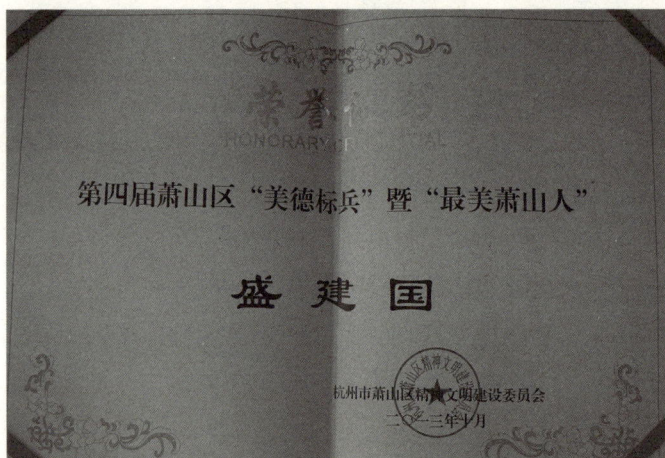

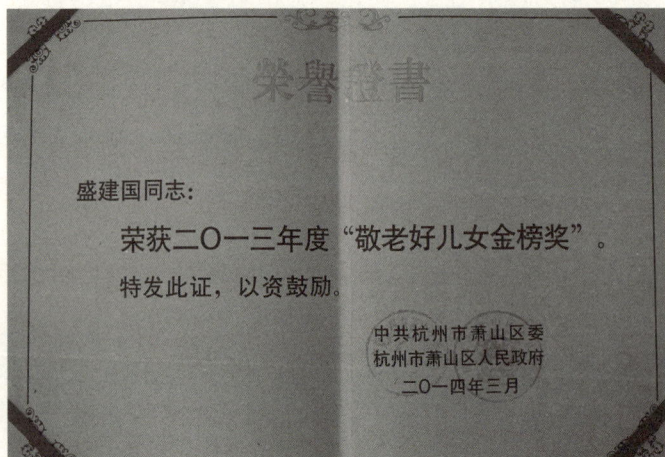

盛建国所获荣誉

由于患病，丈母娘有些糊涂，有时候，行为就像个四五岁的小孩子，孩子气的举动也越来越多，盛建国却总是乐呵呵地对待。

丈母娘不肯吃饭，盛建国就"邀请"小区的保安穿着制服来家里串门，故作严肃地对丈母娘说："你看，警察都来了，再不吃饭，要被警察抓走咯！"听了女婿的话，老人连忙拿起筷子，大口吃饭。

丈母娘"贪玩"，时常把厨房的锅碗瓢盆藏到家里的各个角落，盛建国怕电器伤到她，每次做完饭、刷好碗，总会先把器具一股脑儿放到橱柜里，等下次做饭前再拿出来……这样过了好多年。后来，老人连饭也没法自己吃了，盛建国就每天喂丈母娘吃饭。"我喂饭，她最喜欢了。"盛建国喂饭很熟练，喂得也很干净，他的丈母娘对他也很依赖。

将衣服收下来放进冰箱，把电饭煲放进抽水马桶，将各种东西藏到角角落落……就是这样，由于患病，丈母娘就像"小孩"一样，随时可能"捣乱"。盛建国就不厌其烦地处理这些"调皮"留下的后果，只为给丈母娘创造一个干净、舒适的环境。

脑子糊涂的老人已经记不清身边人的名字，但如果有人指着盛建国问她："这是谁？"她会告诉你："阿建。""阿建是谁？""我女婿啊！""女婿好不好？"老人马上点点头回答："好！"

盛建国所获荣誉

每天早上睁开眼，盛建国照料老人的一天就开始了。每隔 3 个小时，盛建国就会扶起丈母娘在家里到处走走，活动活动筋骨。一日 3 餐，只要丈母娘想吃多少，盛建国都会细心地把她喂到饱。

喂老人吃饭、替老人洗衣服、为老人端屎端尿……从丈母娘患病开始，这些便成了盛建国每天必做的"功课"。而这样的"功课"，他一做就是十年。

吃过午饭后，将丈母娘安顿好，没有任何的休息时间，他就得赶去自己老母亲那。老母亲比起丈母娘稍让他放心一些，但由于从 7 年前开始也患有轻微老年痴呆，不容马虎，必须每天去照料一下。

为了能照顾好两位老人，他常常两头跑——每天一大早，去一趟老母亲家，为她准备好饭菜，看看老母亲有没有身体不舒服，确定她没事后，又要立马赶回自己家照顾丈母娘,给她洗脸喂饭……

锲而不舍,金石可镂。这么多年下来,不管刮风下雨,盛建国都风雨无阻,每天如此。一天天的坚持与努力,也让两位老人在盛建国的悉心照料下终得以安享晚年。

操 心

盛建国

为了方便照顾老丈母娘,盛建国把自己的卧室设在了老人卧室的隔壁。只要丈母娘房间有一点声响,他就立即起身去照看。

盛建国得过小中风,丈母娘虽然瘦小,但照顾起来并不轻松,而且老年痴呆的那些古怪行为常常使盛建国哭笑不得,确实是操碎了心。

有一次,盛建国把丈母娘安顿好,随后就开始在厨房洗菜,洗了没一会儿,一转头,发现人没了。

家里每个角落搜寻一遍后无果,盛建国便立马冲到小区保安处询问,保安说没见到老人出去。范围锁定后,盛建国就开始在小区里一栋一栋找,包括地下车库都没放过。

最终在一栋小区的楼梯下,盛建国找到了丈母娘。那是 2010 年的一个夏天,下着雨,老人正在楼梯下瑟瑟发抖。

2011 年的夏天,有一次盛建国和妻子晚饭后有事出去,回来时已经 8 点多了,本想赶紧看看丈母娘,可是丈母娘却把门反锁了,怎么叫都不开门。夫妻二人急得团团转,怕里面的老人出了什么状况。

盛建国回忆着照顾丈母娘的细节

不想惊扰到社区里的其他人,盛建国便没有报警。无奈之下,盛建国来到五楼的邻居家,找来一根绳子绑在自己身上,由两位邻居拉着绳子。然后盛建国就"飞檐走壁"般地顺着墙，从窗户爬进自己的家，看到老人坐在沙发上一动不动地在看电视，这才松了一口气。

盛建国一家被评为"五好文明家庭"

　　面对这样的病患，尽管已经很细心，也依然难免有让他心惊胆战的时候，意外总是来得很快。

　　2012年底的一天，天气寒冷，凌晨3点多，老人不小心从床上摔了下来，磕破了头，鲜血直流，还痛得晕了过去。听到动静的盛建国夫妇忙爬起来，连衣服都没穿厚实，就急忙送老人去了医院。等医生检查完毕，老人挂上了盐水，盛建国的心才算平静下来。

　　为了这件事，他愧疚了好一阵子，总觉得是自己没有照顾好丈母娘。此后更是加倍细心。

　　照顾丈母娘不容易，老母亲那边也不省心。丈母娘、亲娘"一肩挑"的背后，是满满的责任感与不为人知的艰辛。

　　和丈母娘等大部分患有老年痴呆症的病人一样，盛建国的老母亲也总是神智不清醒，经常乱走乱跑，并且还常常会念叨一些与事实并不相符的话语。

　　为了方便照顾两位老人，盛建国咬咬牙买了现在的小区房，把丈母娘接来同住，这样骑电瓶车五六分钟可到老母亲家。

　　有一次，盛建国骑着车来到母亲家，发现母亲人不在，寻遍屋子周边，都不见母亲的身影。他心急如焚，便骑着电瓶车满大街地去找母亲。

　　老母亲像个小孩，正要爬别人家的小橘树去摘橘子，还好盛建国适时赶到，加以制止。

还有更让人不省心的事情。老母亲找不到自己的一个钱包,便说是被盛建国偷走了,并且会满村满街地去唠叨:"阿建把我的钱偷走了。"

为此,盛建国也大为苦恼。最后在老母亲家的冰箱底下找到了钱包。事实上,钱包已经在那里放了好几个月。

睦　邻

有人说"久病床前无孝子",但盛建国坚持了下来,把这件事情做到了他所能做到的极致:悉心照顾生病的丈母娘、老母亲,一手包办老人们的生活起居,喂老人吃饭,替老人洗衣服,为老人端屎端尿。

盛建国

2013 年,盛建国被评为第四届萧山区"美德标兵"。临浦镇浴美施社区的居民们在了解了社区"飞"出去的"美德标兵"盛建国的优秀事迹后,都十分感慨。

社区居民王长来说:"阿建是大家公认的好女婿,这么多年,他丈母娘、老母亲一肩挑,常常两头跑,洗脸喂饭、背老人下楼晒太阳,事无巨细,一样不落下,实在不容易! 看看他,再想想我自己,家中也有老母亲需要照顾,我却总是忙于工作,疏忽了与她的交流……"王长来表示,美德榜样的力量,让他们切身感受到一种平凡中见真情的高尚情操,确实值得每个人学习。

盛建国珍藏的"'最美萧山人'事迹简介"

让人敬佩的不只是如此，家里两位老人已经让他忙得不可开交，但只要邻里之间有人求助，想找他帮忙解决矛盾纠纷，他还是会义不容辞，尽心尽力，无论是之前老家的村里，还是现在社区里的人都对他满口赞扬，觉得他不仅是个有孝心的人，还是一个很热心的人。

在老家的村里，有一对婆媳，关系不和有四年多了，经常因为一些小事吵架，闹得鸡犬不宁。家里的公公沉不住气了，知道盛建国与人为善，也值得信赖，便跑来求助。

盛建国想了想，其实都是因为思想观念不同而造成的小矛盾，便决定"因人施策"。对那媳妇就多说说老人的习性，对婆婆就多说说现在年轻人的想法，并劝导彼此理解和宽容。

"还真的和解了。现在这对婆媳处得挺好。"盛建国想起这件事情，颇有些欣慰和自豪。

"老吾老以及人之老，幼吾幼以及人之幼。"热心肠的盛建国，不仅悉心照顾自己的长辈，对她们至孝至亲，对社区里的其他老人，他也同样关心，经常去看望他们，陪他们聊天。社区书记夏利芬一说起盛建国，满口赞扬："他还是我们小区里的'老娘舅'，谁家有困难，谁家有矛盾，都爱找他帮忙。"

比如，小区里上下楼的邻居，因为晾衣服滴水、卫生间漏水等问题，都会找盛建国帮忙调解。

G20前夕，社区里要组织巡逻，因为值得信任，盛建国也常常被安排任务。社区里一些义务的消防队、调解队，盛建国也都积极加入，对社区事务可谓尽心尽力。

传　承

孔子曰："孝子之事亲也，居则致其敬，养则致其乐，病则致其忧，丧则致其哀，祭则致其严。五者备矣，然后能事亲。"中华儿女有着尊崇孝道的传统美德，也流传着许多类似孝感动天的故事佳话。而故事得以流传的背后，正是一代代人传承与坚守的情怀。

当问起盛建国这么多年来的坚持是否值得，他笑着说："我愿意照顾她们。"他表示自家的兄弟对老母亲也很孝顺，一家人有商有量，挺好的。

盛建国认为自己的孝心养成最初也得益于家中父母的言传身教。

盛建国的父母亲，向来待人和善，睦邻友好，对需要帮助的人很是热心肠。

有一次,村里有人结婚,盛建国一家人被意外邀请去喝喜酒。盛建国的家人都表示很诧异,因为非亲非故。

原来,在盛建国还小的时候,他的父亲就经常帮助那家人。当时盛建国父亲在临浦镇上班。那家人则因为生计要去镇上卖菜。

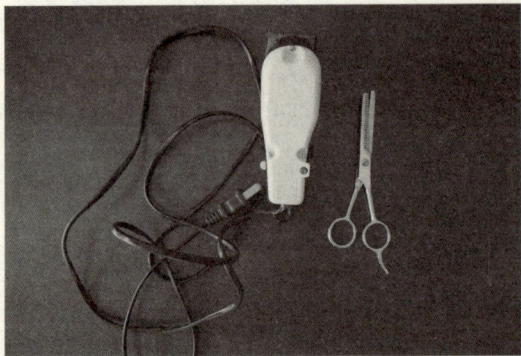

盛建国为老人理发的工具

盛建国

每天早上盛建国的父亲都能遇到那家人。于是,他父亲就开始每天帮忙挑担子,从村里挑到镇上。

多年以后,盛建国一家人已忘记这些往事,但受过恩的那家人却始终记得曾经的感动。

盛建国还表示自己的孝行和善举也是从小被"打出来的"。因为从小家教严格,如果因为调皮有事情做得不对不好,就会受到父母的严厉批评。

正是父母们的种种善举与教育,让盛建国也耳濡目染,将其化为自己的思想与行动,注入照顾亲人也关照他人的现实生活中去。

在这样的环境下成长,对于孝道善举,盛建国也有了自己朴素而真切的感悟:"做人一定要帮助别人。我帮助了别人,我有困难的时候,别人也会帮助我。"

"这辈子帮不到我,下代人也会被帮到。比如人家会说,这个是盛建国的女儿,盛建国当年如何如何待人。"盛建国说,看待孝道和善举,也需要一个长远的眼光,人不能只顾及眼前的利益。

盛建国无怨无悔地赡养着两位生病的老人,十年如一日,像照顾小孩一样,精心呵护着患老年痴呆症的丈母娘和亲娘,用自己全部的心血让两位患病的老人也活出了幸福。

他是一位平凡的普通人,但他用自己那颗淳朴的爱心,履行着"孝子"的责任,传播着孝亲善行,弘扬真善美,传递正能量。

最令盛建国开心的是,他的孝心也深深地感染了现已 23 岁的女儿。她以盛建国为榜样,当爸爸忙的时候,她接过照看外婆的重任,喂外婆吃饭、打扫卫生……一次外婆大便失禁,她不怕脏、不怕臭,亲手为外婆擦身,整理脏了的床铺。

盛建国回忆,2013 年的暑假,女儿放假在家陪伴外婆。有次盛建国外出回来，丈母娘大便失禁，女儿直接用手在清理。看到这一幕，盛建国眼中泛起了泪花。想想现在大多数年轻人，他说自己很感动，也觉得女儿不容易，并为女儿骄傲。

2013年，盛建国被评为第四届萧山区"美德标兵"后，有一本红色的事迹简介便一直珍藏在家中。

俗话说，受人滴水之恩，当涌泉相报，更何况是有着"身、体、发、肤"血脉之恩的至亲。

盛建国时常跟女儿开玩笑："以后你找对象，男方要先把这本事迹背下来，再进门。"

盛建国

面对这样的要求，女儿也觉得有理。孝道需要传承，孝行需要被传颂，家中孝顺的榜样更值得被尊重和学习。

践行孝道也是一场人生的修行。如果每个人都尽其力参与其中，并做好当下的每一件事，那么布满善意和孝道的理想世界也就在不远处。

绵长岁月铸就"特殊家庭"真情
"孝亲"家风代代传

中新社记者　方　堃

钱连明与婶娘、姑姑共同组成"大家庭"

这是一个特殊的家庭。88 岁的婶娘徐妹宝,78 岁的失明姑姑钱乃宝,63 岁的"家长"钱连明,组合成一个大家庭,走过了不同寻常的 20 多年。

穿过浙江省嘉兴市海盐县三联村稻穗微扬的田野,在零星排列的楼房群里,有一幢二层楼房已显陈旧,屋里的陈设很简陋。两位老婆婆迎接我这位陌生人的到来,一位坐着向我张望,想看看来者是何人,可是她看不见——她是盲人,钱连明的小姑姑,今年 78 岁;另一位眼神略显呆滞——她是钱连明的婶娘,88 岁。主人钱连明去他的葡萄地了,他的儿子儿媳外出打工去了,小孙女去上学了,妻子去地里洒药了,留下两位老人在家。

我以为眼前两位老人是钱连明家的客人,但老人告诉我,她们就吃住在这幢楼里,与钱连明是一家人。按照习俗,婶娘与侄子应是两家人,姑姑成人后出嫁在外,变成了亲戚,可她们是一家人。

我有点疑惑。

两位老人向我说起往事，回忆发生在家里的点滴小事，她们几度哽咽，而我确确实实被震撼和感动了……

"特殊家庭"有真爱

钱连明说，自己有一个"大家庭"。家庭成员除了"家长"钱连明、妻子莫绕珍、儿子、儿媳、孙女外，还有小姑姑钱乃宝和婶娘徐妹宝。

78岁的姑姑钱乃宝出生15个月便成了盲人，与这个世界的斑斓色彩、奇形异状无缘，且一生未嫁。叔叔钱天钊和婶娘徐妹宝没有子女，年纪大后也只能依靠钱连明。1990年钱连明家造起了四间楼房，小姑姑钱乃宝和叔叔钱天钊、婶娘徐妹宝都搬到了钱连明家吃住，至今已经20多年。

2007年5月，叔叔钱天钊因病去世，79岁的婶娘失去了唯一依靠，悲恸欲绝。钱连明走到婶娘身边，劝婶娘节哀。他说："叔叔去了，还有我们，放心吧，我们会为你养老。"

三天丧事，钱连明披麻戴孝。叔叔没有子女，他要给叔叔尽孝，里里外外操持着，日夜难眠，送走了叔叔，自己瘦了一圈。

原本应该是三个家庭的人员，出于种种特殊原因，组合成了一个特殊的大家庭。而钱连明，是这个特殊家庭的家长。他上有老下有小，家庭的重担一肩挑。

从葡萄地里刚回来的钱连明没喝上一口水，就咧开嘴对着我笑了。他精瘦黝黑，个子矮小，显露出庄稼人特有的淳朴和实在，给人的感觉就像一头勤恳的老黄牛，默默耕耘，操持着这个家。

钱连明与姑姑、婶娘在一起

姑姑和婶娘常在一起聊天

姑姑钱乃宝说："我家连连和媳妇对我的好，我都不知从何说起，说不完。"婶娘徐妹宝说："我家连连对我们，像对待自己亲生父母。老头子去世后，他们更加关心我了，对我和我妹子（钱乃宝）知冷知热地照顾着。我们吃住在一起几十年了，他们从来没有一句怨言。"

两位老人口口声声叫着"连连"。

"真是拖累了连连"，是钱乃宝常挂在嘴边的一句话。

而这种亲热，是在绵长的生活中，一点一滴铸就的。

姑姑钱乃宝对多年前的那场大雨里的感动还记忆犹新。"半夜里，有雨水滴到我脸上、鼻子里，我醒了。我看不见，但听得见，外面下着大雨，声音轰隆隆响，那晚的雨真大……"

那晚被漏雨惊醒后，钱乃宝开始没有叫钱连明，她不想惊扰侄子。钱连明忙了一整天，睡得正香呢，让他多睡会吧。可是暴雨没完没了地下，屋顶"小雨"不停地落，钱乃宝担心湿掉了床，还是喊了侄子。

钱连明站在房屋门口

钱连明就睡在隔壁房间里。姑姑的高血压时常发病，他晚上睡觉也不踏实，关注着姑姑房间里的动静。听见姑姑叫他，钱连明立即翻身起床，奔进姑姑房里。

屋顶楼板底下挂着许多颗水珠子，越积越大，纷纷掉落，落在姑姑床上。姑姑睡的房间是平顶，一遇暴雨就渗水，已经修理过许多次了，但一直没有根除。

钱连明拿来一堆吸水的旧被褥、旧衣服，铺在床铺顶上，让水淋在上面，暂时将姑姑安置好。第二天一早，雨停了，钱连明又爬上楼顶查漏。

"为这个漏水的平顶，连连不晓得爬上去多少次了。"钱乃宝说。

有一次大风大雨，屋顶又漏水了。钱连明穿着雨衣爬上楼顶，打算将一张薄膜盖在上面。风太大，薄膜被吹得乱飞，他的身体也在风里摇晃。屋外有邻居看见了，喊着危险，叫钱连明快下来。喊声传进了钱乃宝耳朵里，知道钱连明又为她上了楼顶。钱乃宝担心侄子出危险，摸着墙壁挪到窗口，对着楼顶哭喊："连连啊，快下来啊，我求求你，快下来……"

钱连明双目失明的姑姑

钱连明听到了姑姑的哭喊，下来了，走进了姑姑房里，笑着对姑姑说："小姑姑你担心啥啊，我好着呢。"钱乃宝摸索着将手伸到钱连明额头，摸到了一把雨水，再往下摸，钱连明的衣服也湿掉了。"连连，你个小鬼啊……"钱乃宝转身坐到床沿上，说不出话来。

"我没儿子，连连就是我儿子，连连比儿子还要好……"我看见钱乃宝

的嘴唇在微微颤抖，她哽咽了。

姑姑钱乃宝身体一直不好，多次患病住院，每次患病，家人都照顾得无微不至，钱连明更是悉心呵护、耐心照顾。

"真是拖累了连连。"钱乃宝回忆道。

1998年8月的一天，钱乃宝胆结石病发作，肚子痛得在床上打滚。钱连明叫来一辆车，与家里人一起送姑姑去医院诊治，医生说需要手术。那天天很热，走廊上没有空调，钱连明坐在木条椅上，守在手术室门口，任汗水直淌也不离开。手术室门终于开了，护士推着钱乃宝出来，钱连明扑上去叫喊小姑姑，将小姑姑轻轻抱上了病床。

钱连明的家和葡萄地

在钱乃宝住院的日子里，钱连明安排母亲和婶娘一起照看，自己忙完家里农活，就骑上自行车往医院跑，给小姑姑带些好吃的东西。钱乃宝耳朵灵敏，老远便听见了钱连明的脚步声。她愿意听见这个熟悉的脚步声，又希望侄子别来，她知道家里农活多，侄子他们忙着。钱连明看出了姑姑的心思，骗姑姑说今

天家里那边下雨干不了活。钱乃宝不信，钱连明让她摸摸，钱乃宝摸到了钱连明湿漉漉的额头，她知道是汗水，侄子在骗她。

钱乃宝说："连连啊，家里田多活忙，这里有你娘和婶娘照顾着，没事的，明天你真不要来了。"钱连明答应了。第二天一早，钱连明和妻子莫绕珍开早工将地里活做完后，骑上自行车又去了医院。

"孝亲"家风代代传

钱连明

"我吃的药都是连连他们帮我买的。"姑姑钱乃宝扬了扬手中的药瓶说。

"我这件衣服，也是连连的媳妇给我买的。"婶娘徐妹宝扯起衣裳角笑着说。说起钱连明夫妻俩对她们的好，两位老人特别健谈。

"连连也对我凶过。"姑姑钱乃宝说这都怨自己。

钱乃宝知道钱连明他们既要去做木工，又要管好家里，一天到晚忙着，就想帮着做点事。有一日傍晚，钱乃宝摸着扶手上楼，又摸着墙壁慢慢挪到阳台上的衣架下，将晾晒的衣服收了。她看不见，分不清哪件是谁的，就先放自己房间里。晚上钱连明的妻子找衣服，知道是姑姑收了，就劝姑姑以后别收，以免摔着。

钱连明的婶娘时常帮助操持家务

钱连明知道后，对姑姑大声训斥，埋怨她多管闲事。

"连连从来不凶我，这次是真凶我了。"钱乃宝说。

钱乃宝知道，是钱连明关心她爱护她才凶她，所以嗯嗯答应着，以后还是偷偷帮着收衣服。

有一日，钱连明下班回家，听见屋后空地上围着一堆邻居，他们在议论盲人钱乃宝的事。有人说："照乃宝姑姑的条件，是可以住进政府敬老院的。"还有人

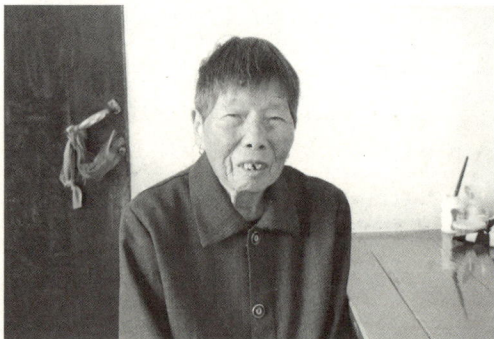

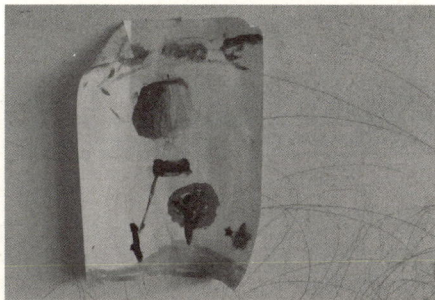

钱连明的小孙女把画贴在姑婆房间

说:"应该送她去敬老院,这样钱连明家里也好少些负担了。"钱连明听见了,心头一怔,担心被屋内姑姑听见了,他知道姑姑的耳朵灵着呢。

走进屋里,钱连明叫了声"姑姑",钱乃宝说:"你回来了。"声音很低沉。钱连明知道,姑姑听见了屋外的议论有了心事,她不愿意离开这个家。钱连明说:"你别听他们瞎说,这是我家的事,他们管不着。"钱乃宝叹了口气说:"是我拖累了你们。"钱连明又说:"姑姑你放心,只要我们有口饭吃,就有你一口;有一张瓦片不漏雨,就有你藏身的地方,饿不着你也冻不着你,我要为你养老送终。"

钱乃宝眼睛看不见、行动不便,钱连明与家里人给予了姑姑更多关照,背她下楼吃饭、上楼休息,后来索性专门把一楼的一间客厅改成了钱乃宝的房间,避免钱乃宝上下楼不方便。怕她寂寞,钱连明就陪她去亲戚家做客、散心,给她买药,陪她聊天……

琐碎的小事实在太多也很平凡,但20多年的时间里,这些小事串成了无价的珍珠。时间如流水,可以褪去鲜艳洗刷记忆,但消磨不掉纯真的亲情和无价的爱心。20多年来,大家庭里的人一如既往,心心相印。

但是,经济问题,一直也是钱连明不得不面对的问题。家里面两个多病的老人,大哥家还有一个同样多病的老母亲。老人们一上年纪,各种各样的毛病都出来了。

钱连明和姑、婶二人

前年的一天早上,钱乃宝突然大喊头痛。钱连明知道自己的姑姑要不是痛得实在不行了,绝不会出一点声响。知道情况不对,钱连明当机立断,打120送姑姑去医院。幸亏钱连明的果断，原来钱乃宝是脑溢血，医生说，再迟来，就没命了。

经过医院医治和家人悉心照料，钱乃宝渐渐康复了，但是这次脑溢血，共花了 3.6 万元的医药费。扣除医保等，自己还要负担近万元医药费。对于这个靠种葡萄为主业的农村家庭来说，这不是一个小数目。

"家里一共 6 亩葡萄地，这是我们夫妻两个一年所有的盼头，收成确实不高，老人有个突发疾病，确实对于家庭的经济有很大的冲击。"钱连明说，虽然如此，但是老人们的身体健康永远排在第一位，为老人们治病花钱，他没有心疼过。

钱连明这么多年来对老人无微不至的照顾，同妻子莫绕珍和儿子儿媳鼎力支持分不开。

钱连明家的厨房　　　　　　　　　　　钱连明介绍姑姑的房间

"别人家里，别说是姑姑和婶婶，就是自己的公公婆婆和自己一起住，做媳妇的也不愿意啊，但是阿珍从来没有抱怨过一句。"钱连明这么评价妻子。

确实，莫绕珍在村子里有很好的口碑，说到钱连明和莫绕珍，村民们都竖起大拇指说，这家人确实不容易啊，太有孝心了。

这种传统，同样也传承给了钱连明的儿子和儿媳妇，儿媳妇进门的时候，没有因为家里面有这样两个"包袱"说一句话。她除了孝顺公婆，更是非常孝顺年迈的两位老人，知道徐妹宝牙齿不好，吃不动硬的东西，她经常去镇上买松软的糕点给老人"打牙祭"。

钱连明的小孙女，更是和两位太奶奶非常"亲"。小孙女今年 9 岁了，她年纪还小的时候，整天缠着两位老太太。徐妹宝教小孙女折纸、钱乃宝给小孙女讲故事。两位老人都没有过孩子，小孙女的出现，让她们的生活充满了欢乐，切实感受到儿孙绕膝的欢乐。

现在小孙女已经上小学三年级了,每天放学回家,总要和太奶奶们讲讲学校里的新鲜事,还经常把孩子们爱吃的零食带给太奶奶吃。小孙女放学回家的时候,是这两位老人一天中最开心的时光。

家庭和睦幸福绵长

因为老人多,这个家庭中,常常有"病痛",但也常常有"温馨"。

乡下人过年,特别看重吃年夜饭。辛苦一年了,除夕夜准备几个好一点的菜,一家人团团圆圆吃上一顿,算是对一年来辛勤付出的回报。

钱连明家与众不同,年夜饭餐桌上人多热闹。他将菜夹到姑姑碗里,然后敲敲她饭碗,这是几十年来他们给盲人姑姑夹菜的习惯动作。妻子莫绕珍说"小姑姑喜欢吃鱼的",又将一筷鱼肉夹进了姑姑碗里,然后也敲了下碗口。钱乃宝听见碗响,知道给她夹菜了。钱连明又给婶娘夹菜,妻子莫绕珍也给婶娘夹菜,儿子儿媳学父母的样,也给两位老婆婆夹菜。两位老人连说吃不下了,婶娘说着突然哭了,一家人惊愕。婶娘擦了一把眼泪又笑了:"我是高兴哪,不哭啦。"全家人跟着哈哈大笑。

20多年来,钱连明家的年夜饭都是这样吃的。

"有一年,我血压高,走不了楼梯,连连将我背下楼,一起吃年夜饭……"钱乃宝忘不了年夜饭往事。

那是1983年除夕夜,钱乃宝发高血压病那年。她记得很清楚,那天钱乃宝头晕走不了路,就躺床上了。钱连明夫妻两人忙着杀鸡杀鱼烧肉准备年夜饭,弄妥当后,就喊来家人吃午夜饭。

盲人姑姑没下楼,钱连明上楼查看,看见姑姑躺在床上,蒙着头。钱乃宝说头有些晕下不了楼,让钱连明给她端一点饭菜上来。钱连明说:"大过年的,能一起吃就一起吃吧,走不动我背你下楼。"钱连明说完就给姑姑递衣服,然后背着她一步步走下楼梯,让姑姑坐到凳子上。

钱连明的妻子给姑姑倒上饮料,给她夹菜。钱乃宝看不见周围的东西,但她听见了连明夫妻俩一

姑姑双目失明需要钱连明更多照料

声声叫着小姑姑,给她夹菜,孩子亲热地叫她太奶奶,让她多吃点,暖烘烘的气氛温暖着心窝。

钱乃宝说:"自己身体不好,想想真苦啊,我想哭,我没哭出来。过年应该高兴,连连他们待我好,没让我落下一顿年夜饭,我不能哭,应该高兴才对。"

吃完年夜饭后,钱连明又要背姑姑上楼,钱乃宝说自己能走了,扶着楼梯往上挪。妻子莫绕珍不放心,扶着姑姑一起上了楼。

20多年来,他们在这幢楼里携手同行,相依为命。楼房变旧了,地里的庄稼收了种、种了又收,但大家庭的和睦氛围依然浓郁着,互助友爱的家风一直传承着。钱连明与妻子莫绕珍作为大家庭里的顶梁柱,操持着这个家,关爱着家里的每个人,特别细心地照顾着盲人姑姑和失去了丈夫的婶娘。

钱连明一家的午饭

婶娘帮助钱连明做饭

钱连明像一头牛,勤恳耕耘着,默默操持着;又像一棵蒲公英,在特殊大家庭里撒下了数不尽的爱的种子。

钱连明年轻的时候在外做木工,心里惦记着两位老人,出门时一定叮嘱身体稍好些的婶娘照顾好姑姑。回到家里,首先看看老人。老人身体不适了,钱连明与妻子忙着端水送饭叫医生。20多年了,一直如此。

"没有侄子、侄媳照顾,我早就不在人世了。"钱乃宝激动地说。

我不禁问钱连明,为何能够20多年如一日坚守这份真情?他不善言辞,呵呵笑着说:"不是我一个人,是我们这个大家族里的所有人都在关心她们。我们就是亲人,这是很平常的事。"

我从平常里看见了不平常。

"最美弟媳"的无悔担当
41年不离不弃悉心照顾疯癫夫兄

作者　李婷婷　侯敏贤

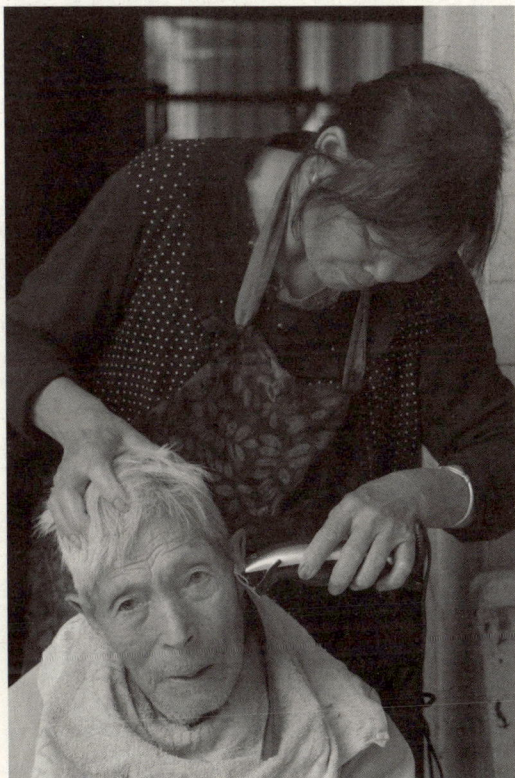

庞香娟与夫兄朱智设

阳光照在浙江省台州市天台县白鹤镇中泽村的一处普通农家院落,院子里,62岁的庞香娟正在给丈夫的大哥——89岁的朱智设理发。

"头发好像又长了,坐下来剃个头,修剪一下人显得清爽些。"朱智设身上穿着旧大衣,头上戴个小帽,留着花白的胡茬,看着和普通人没什么区别。但事实上,他在24岁那年由于不小心跌倒磕到了脑子,从此变得神智不清疯疯癫癫。听到庞香娟的招呼,朱智设拄着拐杖走到门前,自觉地坐在小板凳上,就像个安静的孩子。

在脖子处套上毛巾，取下帽子，用梳子将头发整理干净……准备一番后，庞香娟拿出剃头刀，熟练地剃去朱智设的头发和胡子。之后再打来一盆热水，细心地帮他洗头洗脸。

庞香娟是中泽村里一名再平凡不过的农村妇女，中等身材，时常面带笑容，因为常年劳累，皱纹早早就爬上她

夫兄朱智设头部受过伤，有些神智不清

的脸颊；同时，她也是个并不普通的女子，自 20 岁出头嫁到夫家后，她就承担起照顾丈夫大哥朱智设的重任。四十年光阴如白驹过隙，如今庞香娟成了 62 岁的老人，但她依然寸步不离、无怨无悔地悉心照顾夫兄。

村里人都说老朱命好，而在背后默默付出的，正是"最美弟媳"庞香娟。41 年来，她给大哥朱智设换衣服、洗澡、理发，不落下他的每一顿饭。在庞香娟看来，照顾亲人是自己的分内事，平常得很。"只要我还在，就会一直照顾他，除了我，他还能靠谁呢？"

大美人下嫁年长 12 岁男人

近日，记者来到庞香娟家中。这个家屋子不大，屋内陈设简单，墙壁甚至没有经过粉刷，依旧是刚砌时的红砖，门外的角落里还堆着一些花圈架。不过，这简陋的房子在昏暗的灯光下依然显得很干净整洁。虽是陋室，却能看出女主人必定是一个心灵手巧、持家有道的人。

庞香娟便是这间房子的女主人，今年 62 岁的她，中等身材，皮肤黝黑，有一张红扑扑的苹果脸，笑起来时岁月刻下的皱纹愈发深刻，却不难看出年轻时候的她是个大美人。

"我妈年轻的时候本来不愿意嫁给爸的，我听老一辈的说是因为我爸当时家里条件不太好，而且年纪比我妈大 12 岁。"庞香娟小儿子朱云良讲道。

庞香娟与丈夫朱智永同是中泽村人，住宅直线距离不超过 50 米，两家甚至可以说是邻居。许是看准了朱智永诚实、勤劳、善良的特点，在庞香娟 21 岁时，她的父亲答应媒人将她嫁给当时已 33 岁的朱智永。

"当时我不愿意，又哭又闹，就差上吊来反抗了。"庞香娟向记者回忆，当时

她的母亲也不同意这门婚事，除了家庭条件和年龄，还有一个很大的原因便是朱智永的哥哥朱智设神智失常，长年需要人照顾，是一个极大的负担，"担心我嫁过来要吃苦。"

不过，精诚所至，金石为开，最后庞香娟还是被朱智永的诚意打动，披上红嫁衣进了朱家。

朱云良说，大伯朱智设本来有一个幸福美满的家庭，有老婆儿子，年轻时靠弹棉花的手艺为生，日子过得不错。但他出事以后，没过多久，老婆便带着儿子离开了他，改嫁他人。

那时候，朱智设的父母都还年轻，还能照顾朱智设。自打庞香娟进门后，这个任务就转交到了这个 20 多岁的新媳妇手里。

"一开始是我奶奶在照顾大伯，我妈妈搭把手帮忙。后来我爷爷患病，在床上躺了十多天后走了。奶奶伤心过度，加上年事已高无力照顾大伯，分家后，大伯就由我妈妈一个人来照顾。"朱云良告诉记者，分家后，奶奶的一日三餐都是由她自己料理，不想过多麻烦儿媳。但到老人 94 岁那年，眼睛开始变坏，只能卧床休息，于是照顾婆婆的责任，也落在了庞香娟身上。

3 年后，婆婆安详地离开了。"我婆婆一直很放心不下大哥，她临走之前和我说的最后一句话，就是要我答应她，一定要照顾好大哥。"庞香娟若有所思地说道。

庞香娟说，自从出事之后，朱智设就变得我行我素。除了她，没人能够跟他交流。每天早上，朱智设起床之前，庞香娟就给他准备好早饭，吃完后，朱智设就拄着拐杖出门溜达，在村里走街串巷，附近的街坊邻居也都认识这个沉默不言的老人。

晚上睡觉的时候，朱智设回到自己的房间，也不脱衣服，往床铺上一躺就睡，庞香娟会帮他把鞋子脱去，盖上被子。

庞香娟在为家人做饭

朱云良说，自大伯精神失常后，每当他看见别人的农田荒废，便要将田里的杂草拔除，种上一些长不出来的"农作物"。有时他甚至将别人刚种下的庄稼苗拔掉，闯下祸事。

幸好村民理解朱智设的情况，没有过多为难朱家，顶不过去的时候，也只不过是赔偿一些瓜果。面对常常惹是生非的疯癫大哥朱智设,弟弟朱智永没有一丝怨言,庞香娟更是无怨无悔。

41 年无怨无悔照顾疯癫夫兄

记者了解到,朱智设虽然精神失常,但是生活作息倒是规律得很,胃口更是特别大。冬天的时候一日三餐倒还好,一到夏天他仿佛永远吃不够一样,一天四餐都算少的,常有一天要吃五餐的时候。

吃完饭后,朱智设就喜欢外出溜达,常常往返山里几公里都不觉得累,这也导致了朱智设能量消耗得快。每当他饿的时候,他会直接回家到厨房,嘴里嚷嚷着:"我不饱,我饿了。"这时庞香娟便会马上放下手中的活,煮一碗面或者拿出一些土特产给朱智设填饱肚子。

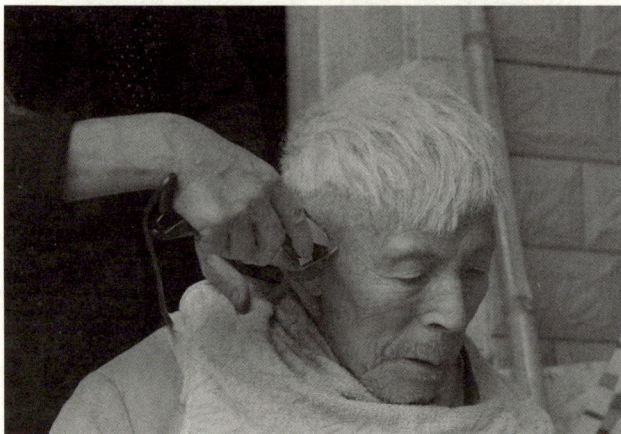

庞香娟在为夫兄剃头

有一次她因为回家迟了一点,朱智设回家见没有饭吃,就自己下米放水点火烧饭,结果饭都烧焦了,根本没法吃。有了这次经历,庞香娟雷打不动每天坚持给他做饭吃。

而自发病以来,朱智设也保持着一个奇怪的习惯——不吃任何一口别人给的食物,只吃庞香娟煮的饭。

为了照顾这个如同孩子般依恋自己的疯癫大哥,庞香娟和丈夫朱智永也已经分居两地多年。早年,朱智永前往杭州打工其实是要带上妻子一起的,奈何家里的大哥无人照顾,庞香娟只能留在家中种田地,农闲时给本村的人做小工。

"有一次妈妈跟着我爸到杭州去了几天,大伯在家里就会耍脾气,拄着拐杖走来走去,若有所失似的。"朱云良说,大伯在家里最听他妈妈的话,别人的话都听不进去。正因此,四十多年来,除了那次杭州之行,庞香娟不曾出过远门,活动范围也都是在村子里。而按照当地的风俗,在别人家做小工往往会留在主人家吃午饭,但庞香娟一般都会婉拒,无论是酷热还是寒冷天气,她都会骑车回家给朱智设烧饭。

在与庞香娟交流的过程中,记者注意到家里的储物柜里还摆放着剃头工具,便好奇问道:"这个剃头刀是怎么回事啊?"朱云良抢先答道:"大伯有一次外出剃头和理发师傅吵起来了。"

原来,前些年,庞香娟带着朱智设去村子里的一个理发店剪头发。剪完头发后,她拿出钱包付了8元钱给理发师,带着大哥准备回家。

没想到这个时候,朱智设却突然"发飙"了,他跟庞香娟说,剪头发应该是5毛钱一次,8块钱太黑心了,坚决要把钱拿回来,更是在店里骂了起来,这让庞香娟和理发师哭笑不得。

"他的记忆可能还停留在40多年前他出事那会,那个时候村里剪头发只要5毛钱。"庞香娟说,因为怕大哥再次骂人,她只能自己学着给他剪头发。

买好剃头工具,庞香娟凭着自己对理发师剪头发的印象,给朱智设试着剪了几次,最后倒也有模有样。庞香娟笑着说:"你别看我大哥神智不清,话都讲不清楚几句,可他对发型的要求蛮高哩!我要是给他剃短了,剃丑了,他会发脾气的嘞。他喜欢头发留长点,就算夏天,也不让剪得太短。"

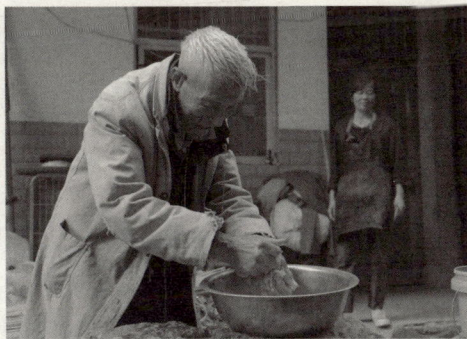

庞香娟在为朱智设洗头剪发

除此之外,庞香娟还讲了另外一件无奈的趣事。朱智设经常出门溜达,走的时候也不带伞。天台的六月多雨,他常常会被淋到,然后全身湿透地回来。

但最令一家人犯愁的是,朱智设性子特别倔,淋了雨还不愿意换衣服。这时候,全家人出动一起劝都没有用。到最后,只剩庞香娟一个人和朱智设"做斗争",几番斗智斗勇下才能哄朱智设换上干净的衣服。

多亏庞香娟无微不至的照顾,朱智设的身体情况一直非常好,虽然已经89岁,但他没有糖尿病,也没有一般老年人易得的"三高"疾病。少有的几次感冒也在庞香娟的照料下很快痊愈。说起生病,庞香娟也是摇了摇头。

自从朱智设精神失常后,每次生病,朱智设自己是万般不愿意去医院的,只得请乡里的医生上门来看。每次医生要给朱智设打吊针的时候,朱智设都会奋力反抗,需要好几个大男人来按住他才行。

作为家里的顶梁柱之一,在照顾疯癫大伯朱智设之余,庞香娟在农闲没有工作的情况下,还会编织一些花圈架换钱来补贴家用。在雨雪天气,庞香娟就在这间房子里一个人静静地编织着各种花圈架。

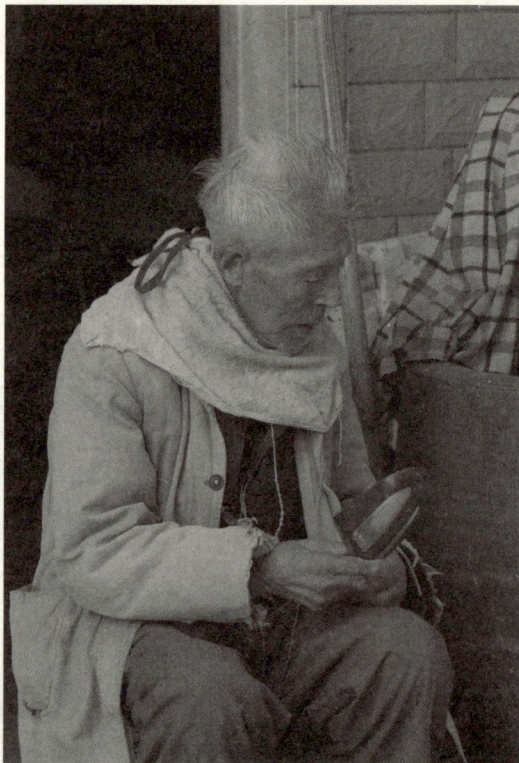

朱智设在"欣赏"自己的新发型

　　从20岁出头的小姑娘到60多岁的老人，庞香娟最美好的光阴都待在这个小房子里，最多的时间便是照顾神智失常的夫兄，难道就不后悔吗？

　　面对记者的询问，这位淳朴的农妇笑了笑，眼睛弯成月牙，用不太纯正的普通话说："没办法的，我不照顾，那他还能靠谁呢？"从未上过学的庞香娟或许并不懂什么叫伟大，她只是很单纯地认为，照顾亲人是她的责任，是一件再平常不过的事情。正是这样的信念，让她40多年来无怨无悔。

　　行动无言，却是最好的教育。在庞香娟的影响下，她的两个儿子、两个儿媳妇，以及孙女、孙子从不嫌弃朱智设。逢年过节，一家子人围坐在大圆桌旁吃团圆饭，小辈们都会不时地给朱智设夹菜。

　　隔壁邻居陈达照说："他们一家人在饭桌上一起吃饭几十年了，都没见他们吵过架，相当和谐。"

被赞"最美弟媳"

　　虽然朱智设神智不清，但他却不想闷在家里，通常每天早上5点多钟就会起床出门溜达，有时还会走几公里去山上，到饭点了再回来。正是朱智设的这个习惯，让庞香娟一家最担心的事情时有发生。

　　三年前的某天，朱智设早上出门之后，没有回来吃午饭。庞香娟一开始没太在意。但到下午3点，还是没有大哥的影子，庞香娟隐隐觉得不对劲。

　　"我叫上我的小儿子和我一起去山上找，几乎把村里村外山上家里都跑遍了，都没看见大哥。"那天，庞香娟一夜几乎无眠，一直在寻找朱智设，却渺无音讯。

　　第二天，庞香娟叫上家里的亲朋好友一起包车前往周边县城寻找朱智设，她还通知了自己远在杭

朱智设坐在家中

87

州的丈夫朱智永。听闻哥哥走失了，朱智永立刻从杭州赶回老家。此外，一家人还在天台报社和天台电视台登了寻人启事。

眼看日子一天天过去，一家人急得像热锅上的蚂蚁，庞香娟也因为没找到大哥，饭都吃不下。"那时候是冬天，大哥年纪大，又没饭吃，我都觉得他要冻死了。"因为自责，庞香娟偷偷抹了好几把眼泪。

皇天不负苦心人，在朱智设走失三天之后终于有消息了。有好心人看到电视上的寻人启事，打电话告诉庞香娟，说在天台和临海的交界处曾见到过朱智设。听闻这个消息，庞香娟一行人立刻动身前往，最后在一间没人住的老房子里找到了朱智设。

庞香娟

"大伯坐在地上，因为冷蜷缩着，衣服脏兮兮的甚至发出了臭味，旁边是几块已经烂透的红薯。在看到我们的时候，大伯嘴里发出嗯嗯的声音，知道是我们找他来了。"看到这样的朱智设，一家人鼻头一酸，连忙上前扶起他回家。回家后，庞香娟给朱智设换上干净的衣服，又端来一碗热薄粥喂他吃下肚。

庞香娟在准备午饭

那次寻找朱智设花去了一家人5000多元钱，相当于庞香娟编一年花圈的收入，但看到老人最终平安回家，一家人觉着一切付出都是值得的。

因为怕朱智设再次走失，家人曾试图让他安安静静地待在家里，但朱智设始终不肯。"天亮就闹着要出门，怎么都不愿意听我们的。"朱云良说，没办法，他们只能一直承受这种担惊受怕。40多年来，朱智设总共走失了五次，不过幸运的是每次都找回来了，这其中的功劳，除去一家人的付出，还离不开邻里村民的鼎力相助。

"庞香娟性子好，很有耐心，平时对邻里乡亲都很照顾，她这么好的弟媳，在我们县里都是难得的，我们都叫她'模范媳妇'！"隔壁邻居陈达照说，平常有事时，邻里间都会相互帮忙。他笑言，平时他家的老母亲有事不会找他，首先想到的就是找庞香娟谈心，他父亲要是生病庞香娟也会来主动帮忙。"我们村里人都拿她当榜样教育子女。"陈达照补充道。

庞香娟在村里人缘非常好，也乐于帮助他人。村民们都说，庞香娟做事又快又稳妥，家里若是要办个红白喜事，人手不够了，常常会请庞香娟过来帮忙，而她却从未要过报酬。村里的孤寡老人要是生病了,庞香娟更是会主动帮忙照顾,多做一份饭送去给老人吃。

庞香娟的善良、勤劳、无怨无悔的付出被周围的人看在眼里,成了当地人人赞颂的佳话。当地还出品了以她事迹为原型的微电影《守护》,"最美弟媳"的善举受到了网友们的热捧。

记者了解到,庞香娟所在的中泽村有 400 多户人家,是个美丽的乡村,宽阔的三茅溪水潺潺地从中泽村旁边流过,每到夜晚,忙碌了一天的人们会成群结伴到三茅溪的休闲大道散步乘凉,谈天说地,而庞香娟却会独自一人,在昏暗的灯光下编织花圈架。洗衣、做饭,年复一年,一个花容正茂的年轻姑娘转眼成了鬓角微白的老人,但她丝毫不悔,她说:"只要有我一口饭吃,就不会饿着大哥……"

庞香娟

两部手机 24 小时开机
义务照顾社区老人 9 年

中新社记者　林　波

罗敏莉与社区老人

　　10月，天气渐渐转凉，罗敏莉却仍是满头大汗。早上9点，从迈出家门的那一刻起，罗敏莉就好似一个陀螺，一刻不停地在旋转。

　　"重阳节礼品发放还剩下一户老人没有领取，得上门去送礼物；街道办了一个养生讲座，需要一个一个通知到位，鼓励老人家出门多学习养生知识；社区老人多，还要陪他们说说话……"说起这天的安排，罗敏莉摸了摸额头上的汗，笑着说道。

　　出现在记者眼前的罗敏莉是一个爱笑的中年阿姨，微胖，戴着一副近视眼镜，染着金黄的头发，就像是秋日里的阳光，和煦而又温暖。

　　罗敏莉是浙江省宁波市海曙区新街社区的一名义工，一直默默无闻地照顾着社区困难独居老人的起居，坚持定期给他们打扫，为他们买药，擦药，与他们聊天，给他们量血压，帮助老人消烦解闷……为方便老人及时找到她，她的手机始终是24小时开机，有时还把自己家或者朋友送来的东西，直接送给需要的老人。

最近，罗敏莉成为地铁站一名志愿者

罗敏莉

这样的免费义务服务罗敏莉坚持了 9 年，尽管在朋友眼里，罗敏莉做的是既花钱又没回报的"赔本"生意，但她心里却想："虽然我自己的退休工资并不高，可这些都是小钱，影响不了我自己的生活，长期和老人们相处，他们就像我的家人一样了。"

退休后照顾独居老人 9 年

清晨，宁波市中心的药行街一片静谧，在经历过夜生活的喧嚣后，这片繁华地段也归于宁静。而在一旁的新街社区里，三五成群的老年人开始了最为闲暇的早晨时光。

梧桐树缓缓地飘落下几片金黄的叶子，社区楼道上时不时飘出几缕早饭的香气。踏着晨曦，罗敏莉走出家门，一声声"早上好"拉开了新一天的序章。

今年 60 岁的罗敏莉是海曙区新街社区的一名志愿者。

"六十而耳顺"，虽已到花甲之年，但罗敏莉却仍然充满了对生活的热情。

新街社区位于宁波市最繁华的商贸中心区域，东起奉化江，西至解放路，南接药行街，北壤中山路，总面积 0.56 平方公里，是一个典型的商居混合型社区。

新街社区书记李缇红表示，新街社区有 3000 多户家庭，10000 多人，老年人目前已经占到了 30%。"尤其是我们这边既处于市中心又是老社区，从地理位置上来说，生活是比较便利的，去医院或者去买菜也很方便，所以很多老年居民都喜欢留在这边，这也在无形之中增加了一些压力。"

李缇红解释道，现在年轻人和老年人一起居住的比较少，而老年人十分需要帮忙和关心，"这正是需要这些志愿者来提供服务的原因"。

罗敏莉就是其中一人。

2007 年，从事检验工作的罗敏莉退休了。2008 年，退休不久的罗敏莉便与社区的 4 位独居老人结对。老人们需要帮助的时候，她都会随叫随到；一有空，她就会去找老人聊天。

据了解，新街社区是一个"老小区"。"我住在这里大约有 20 年的时间了，以前这里是宁波的市中心。"罗敏莉解释道。但随着时间的推移，社区里的年轻人逐渐走上社会，远离老家，而这里的老年人也随着年轻人的离去而愈加寂寞。

现在社区里的人都称呼罗敏莉为"罗姐"，她笑着说道："笑都笑死了，我这么大年纪了，还要叫我姐，真是不好意思。"记者注意到，一走进新街社区，来往的社区居民都爱喊罗敏莉一声"罗姐"，并握着她的手与她唠家常，并让她去家中做客。

而当遇到年纪较大的老年人时，一句"外甥女"拉开了寒暄的友好氛围。据悉，"外甥女"一词在宁波当地是对年纪比自己小的小辈的昵称。由此也可以感受到罗敏莉在老年人群体中的受欢迎程度。

一走进新街社区便民服务中心，"罗姐""外甥女"各类称呼此起彼伏，这些称呼喊的都是罗敏莉。

罗敏莉在地铁站做指引工作

"大忙人啊。"服务中心的工作人员说起罗敏莉就笑了，在他看来，"罗姐"是个一刻不停的好姐姐，但凡社区有啥活动需要通知或者有啥居民工作需要布置，"罗姐"总是第一个站出来帮忙的人。

在结对的独居老人中，罗敏莉与一位王奶奶结对两年。2010 年，王奶奶去世了，在去世之前，她对罗敏莉说："你不用照顾我，我就想和你聊聊天，我喜欢和你说话。"

这句话，罗敏莉一直记在心中，她觉得，老人们对她的肯定和信任，是她的福气。

而另一位张奶奶直接把家里的房门钥匙交给了罗敏莉保管。

罗敏莉在照顾社区老人们的日常生活

罗敏莉

在罗敏莉的眼中，慈孝是不分时代的，孝敬父母长辈都是当代人必须履行的责任。

子女因忙于工作，长期不在身边，在新街社区，这样的独居老人就超过百人。今年 60 岁的罗敏莉是个热心肠。9 年来，她一直默默照顾着社区里的数位独居老人，陪他们走完最后的日子。

"有你在，我就放心了。"罗敏莉告诉记者这是她听过最为感动的一句话。

从退休到现在，9 年时间，罗敏莉先后照顾过数位独居老人。他们中，有的已经过世了。但最后的日子里，她一直陪伴左右。张翠娟的老伴吴妒芳也是其中一个。

"要是没有她，我一个人都不知道怎么照顾老伴。那时候，老头子身体不好，生活不能自理，都是小罗帮忙照顾，换尿布，端屎端尿，一点都不嫌弃。每次去医院，她都帮忙穿鞋穿袜，陪我们办手续。"回忆起老伴，张翠娟有些泪眼婆娑，"他们都说，小罗比自己女儿都亲。"

看着罗敏莉悉心照料老伴，一直到他病危离世，张翠娟打心眼里感激："有些事情，自己女儿都不会做，她却做得有模有样。以后我身体不行了，我的身后事就交给她了。"

王翠菊离世时 86 岁，是个孤寡老人，平日里特别依赖罗敏莉。弥留之际，她特意让亲人把罗敏莉叫到床头，和她交代身后事。老人嘴里一直唠叨着一句话："有你在，我就放心了。"

两部手机 24 小时开机

"随叫随到，这是我对老人的承诺。"罗敏莉说道。

"老人有事就会打我电话，我 24 小时不关机。随叫随到，这是我对老人的承诺。"罗敏莉出门总不忘带两部手机，采访中，她时不时掏出手机看有没有未接电话。"老人都容易健忘，一会儿这个忘记带钥匙，一会儿那个忘记配药，他们碰到事儿都会来找我。"

"最近街道有一个养生讲座，今天我要逐一通知社区的老人家。"拿上手提袋，装上登记本，顺带再放进三袋山楂，罗敏莉开始了一天的工作。

"山楂是给社区老人吃的，可以治疗积食。"罗敏莉解释说，"这是我儿子从北京带来的，味道特别好，让老人们也尝尝。"

手提着鼓鼓的袋子，看了看登记本上的信息，罗敏莉挨家挨户地开始通知。

罗敏莉

"外甥女。"今年83岁的刁大伯看见罗敏莉颇为欣喜，拉着罗敏莉的手和他唠家常。而罗敏莉从手提袋里拿出一袋山楂递给了刁大伯，让他拿回家尝尝味道。

今年83岁的刁大伯是新街社区的"土著"，在这里住了数十年，而随着小孩长大外出工作，家中就剩下他和老伴儿两人。"老太婆闲不住，出去活动了，我行动不方便就在社区里转转，找外甥女说说话。"

事实上，罗敏莉并非刁大伯的亲外甥女。"平常总是关心我们这些老头子，又拿吃的又拿喝的，比自己亲外甥女还要亲。"提及罗敏莉，刁大伯是一脸的喜欢，这个如同亲人般在生活中照顾他的人，他已然记在心头。

"我就想有个人来陪我说说话。"刁大伯说道。闲来无事，他就会在小区里转悠找人说说话，但是陌生人看到他这样马上就跑了，熟人的话也有自己的事情要做，也只有罗敏莉能耐心地和他说说话，聊聊天，所以目前刁大伯最喜欢的事情之一就是在罗敏莉楼下的空地上转悠，寻求"偶遇"。

和刁大伯道别，罗敏莉来到了社区里另一户老人家里。

罗敏莉在帮助老人进出电梯

"社区重阳节的礼物还有一户人家没有领取,我去给他送一下。"带上票券,罗敏莉开始爬楼梯。

据了解,新街社区多为 6 层楼的建筑,没有电梯。

擦了擦鼻尖的汗,罗敏莉调侃道:"我这人就是太胖了,容易出汗。"爬了四层,记者注意到罗敏莉的背后有些濡湿。

然而这样的爬上爬下,罗敏莉每天都会遇上好几回。

"年纪大了,有些吃不消,不过我就把爬楼梯当作是健身,这样想来也是不错的。"罗敏莉自我安慰说。

敲了敲房门,里面并没有回应,罗敏莉就又往上爬了一层楼,边走边解释说:"小区里每个人都会分组,刚才的老人不在家,那我可以把重阳节小礼物放在他的组长家里,他们住得近,就方便过来拿。"

"小罗,家里装修不知道怎么打电话,你帮我看看。"路上,一位社区大伯看见罗敏莉就拉着她的手不放,记者跟着老人一起走到了装修的家。

一路上,老人就和她拉起家常。

事实上,这样半路"劫人"的情况对罗敏莉而言是家常便饭。"老人们年纪大了,很多事情不知道怎么处理,这时候都会打我电话,或者是去社区服务中心找我。"罗敏莉一边走一边解释道。

罗敏莉的手机保持着 24 小时开机,老人们有啥事情都可以打她电话。而不会打电话的老人就习惯性地在路上"逮人"。

罗敏莉两部手机 24 小时开机,随叫随到

"小罗总是在社区里跑来跑去的,在家门口坐着等她经过就可以了。"头发花白的老人笑着说道。

李缇红点赞说:"罗姐是社区不可或缺的人物,我们是流水的兵,罗姐是铁打的兵,近十年如一日。"

"很难想象她已经是 60 岁的人了。"李缇红发自内心地感谢"罗姐"这批志愿者,有了他们的帮助,这个社区才更加美好,而现在社区的志愿者团队也正在壮大。

送粥送水果送关爱

"要是对门半天没反应，我就不踏实。"除了送粥送水果送吃的来表达自己对老人的关爱之外，罗敏莉也用真心来关心这些老人。

张翠娟老人就住在罗敏莉的对门。老人的丈夫 2010 年因脑溢血过世后，家里就剩她一人生活。

"一个人在家万一出点事，后果不堪设想。有的老人死在家中都没有人知道，看到这样的新闻，

罗敏莉成了社区老人共同的"女儿"

心里总是慌兮兮的，真怕有一天这样的事情会发生在自己身上。"几年前，张翠娟将家里的钥匙郑重交给罗敏莉，特意嘱咐："如果家里半天没有动静，就麻烦你开门来瞧一瞧。"

"我心里明白，老人就是想心里有个底。"接到这个"特殊任务"，罗敏莉丝毫不敢马虎。如果在家，她一会儿送盘水果去，一会儿盛一碗粥，就是想时时刻刻关注着老人的状态。"要是对门半天没反应，我就会敲门问问，或者打个电话，这样心里踏实一些。"

有一次晚上 10 点左右，楼道里突然传来窸窸窣窣的开门声。"这么晚了怎么有动静？"她赶紧起身查看，原来是老人喝完喜酒刚回家。

说起这个，张翠娟有些不好意思："人多热闹，喝了点酒，就晚回来了。那天没有提前'请假'，保证下不为例。"

去菜场的时候，顺手帮老人带点菜；家里有什么好吃的，总不忘给老人留一份；空的时候，就陪老人说说话，听他们唠叨唠叨。这些小事看起来可能微不足道，但罗敏莉已经坚持了 7 年，现在还在继续。

从素不相识到亲如一家，很多老人都把她当作亲生女儿一样看待。李缇红说，因为罗敏莉的带动，社区特别组建了一支暖心志愿者队伍，现在已经超过百人。"现在，社区里的每一个独居老人都有结对的志愿者，不会让老人觉得孤单。"

罗敏莉不仅是志愿者团队的领头人，更是一名热心的公益家，总是不计回

报,积极地为社区、为居民办实事,渐渐地她的服务对象不再局限于社区,而是扩大到了社区外,甚至全宁波。

2014 年,自从宁波轨道交通 1 号线开通之后,罗敏莉便又多了一个身份,那就是地铁志愿者。

在做地铁志愿者近两年的时间里,罗敏莉态度热情,服务到位,每次新开拓地铁口她总要回家做功课:周边的社区、公交路线都要熟练掌握,这样别人问路的时候,才能脱口而出,显得更专业。

"请问 2 号线从哪里下去?"

"请问我要去区政府从哪个口子出去?"

"哎呀,我的卡刷了怎么出不去?"

……

诸如此类的问题,身为地铁志愿者的罗敏莉每天都会遇上好几十次,每次她都会热心解答,带领乘客去换乘点。

每天跑来跑去,罗敏莉指了指手机上的"微信运动"说道:"昨天我是快 2 万步了,是手机里的第一名,今天应该也是第一名。"

除此之外,日常碰到的突发事件罗敏莉也要小心应对,特别是 3 月 19 日 1 号线二期开通,北仑来的很多乘客甚至年轻人都不太会乘电梯,志愿者不断提醒大家注意脚下安全,但还是有人摔倒,幸亏罗敏莉了解过应急停止知识,马上按住按钮,避免摔倒造成大范围惨烈影响。值班长连连微笑道谢,罗敏莉也觉得很有成就感。

值得一提的是,平时罗敏莉还经常带社区独居老人来个地铁初体验,感受感受现代交通的便捷。

罗敏莉一直不怕吃亏,坚持着帮助他人的理念。如今罗敏莉成了轨道交通地铁的形象代言人,还参加了 2016 年"地铁行、文明行"系列主题活动启动仪式的发言,大力弘扬了"奉献、友爱、互助、进步"的志愿服务精神,将不怕吃亏、助人为乐的"傻"劲发挥到底,也让社区居民了解、学习自己身边的好人好事,传递社会幸福感,弘扬社会正能量,弘扬社区文明之风。

罗敏莉在陪老人聊天解闷

义工、志愿者，生活中的罗敏莉还是一个排舞爱好者，但凡晚上有空闲时间她都会去街道那里参加排舞活动。"最近我们的排舞队参加了市里的比赛还获奖了，真是太高兴了。"揉了揉脚腕，罗敏莉笑着说道，近期又有一场比赛，她每天晚上都要练习到 10 点多。

道一声"罗姐"，喊一声"外甥女"，秋日的新建社区里弥漫着家的气息，在这个大家庭里，罗敏莉如同这秋日阳光，照射进每家每户的窗台，秋日的温馨弥漫开来。

罗敏莉

羸弱身躯为公婆撑起保护伞
朴实无华抒写"中华孝经"

中新社记者　方　堃

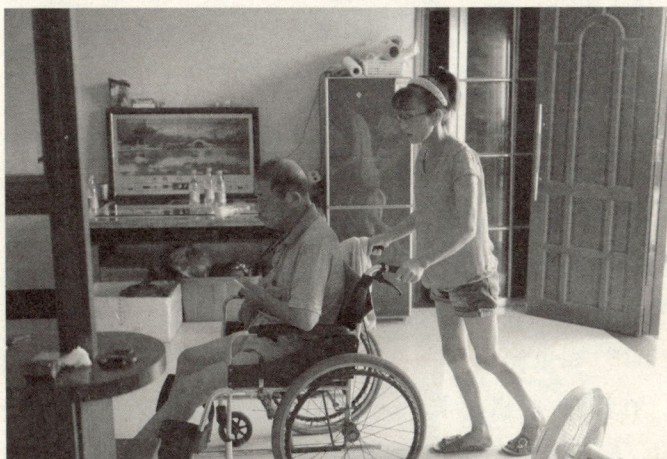

厉霞娣和公公

　　当我们的车缓缓驶入厉霞娣家所在的浙江省杭州市余杭区乔司街道五星村一组,沿途问路过的乡亲们"请问厉霞娣家住在哪里"的时候,很奇怪,乡亲们都会不约而同地问一句:"哦,侬要去找那个女伢儿啊。"在杭州话中,女伢儿是对小女孩的称呼,我看了看拿在手上的资料,厉霞娣——1965 年 9 月出生,浙江杭州人。我们心头开始有疑惑,这个今年 50 岁出头的中年人,怎么会被称作"女伢儿"?

　　当我们走进厉霞娣的家中,看到她的一瞬间,我们似乎有点明白这个乡亲口中的"女伢儿"了。她非常瘦小,甚至可以用羸弱形容,身高在 155 厘米左右,体重应该不到 80 斤。看到这样一个瘦弱的身躯,想到资料中所描述的,多年如一日照顾中风的公公和患病的丈夫我不禁有点心疼。

　　"快进来坐呀,你们长途过来辛苦了。"厉霞娣露出可以用灿烂来形容的笑容,然后迅速走到屋内,动作麻利地开始泡茶。我们进门后环顾四周,她的家非常整洁，所有的物件都一丝不苟井井有条，看样子女主人一定是非常勤快。

照料中风偏瘫公公　孝顺贤良无微不至

　　厉霞娣径直带我们走进了她公公的房间。整洁，第一感觉就是整洁。厉霞娣的公公，已经中风偏瘫6年多了，但是他的房间明亮、清爽，没有一丝陈腐的气息，老人看到我们进门，咧开嘴笑了起来。

　　"我公公像个小孩子一样，只喜欢吃肉，不喜欢吃蔬菜，为此我们真是操了不少心，因为他本来就中风，平时运动量非常少，排便一直不顺畅，一定要多吃蔬菜。"厉霞娣说，她就像哄小孩吃饭一样，变着法给公公做菜吃。

　　胡萝卜、冬瓜、南瓜、白萝卜、西兰花放在一起炒五色菜蔬；山药、红豆做成糕点；青菜做进瘦肉粥里……除了荤素搭配，老人年纪大了，必须把饭菜煮得又稀又烂，营养均衡，还得满足公公的口味。为了保证公公有足够的营养，她经常买大腿骨熬汤；老人想吃煎饼咬不动，她就做丝瓜鸡蛋汤，让老人泡着吃……为了公公能吃好，厉霞娣着实费了不少脑筋。

　　"我儿子小时候我都没有这么用心过，那时候家里条件差，我们夫妻两个也忙，孩子没好好喂，糊里糊涂就自己长大了。"厉霞娣说，现在家里条件好了，衣食不愁，自己的时间也充裕起来了，就希望能好好照顾家人。

　　厉霞娣说，自己从来没有觉得照顾中风偏瘫的老人是一个有负担的事情，生活中反而充满了很多趣事。厉霞娣的公公喜欢抽烟，而且烟瘾还不小。家人们考虑到身体因素，就开始限制老人抽烟。

　　"这个决定把我公公急坏了，每天像小孩子要糖一样变着花样缠着我要烟抽。"厉霞娣说这是一个斗智斗勇的

孝媳厉霞娣

过程，公公有时候烟瘾上来，坐着轮椅都能找遍房子里所有的角落。有时候厉霞娣出门，为了防止被"机智"的公公找到烟，不得不登上板凳，把烟藏在空调上。说到这里，他们一家人都笑了起来，欢笑溢满整个房间。

　　在她公公的身上，我们看到很多温馨的细节，他的指甲都修剪得干干净净，拖鞋上，则"安装"了一条绳子。厉霞娣笑着说，这是她的新发明。原来，公公因

厉霞娣和公公的日常

为偏瘫，另外一只脚是没有知觉的，所以有时候扶他起来坐轮椅、散步的时候，他往往穿不住拖鞋。厉霞娣在她的拖鞋上系了一根简单又实用的绳子，每当公公要起来的时候，她就蹲下身把绳子系好。

这种贴心的小细节，不胜枚举。夏天的拖鞋，冬天的棉袄，每一个细节，厉霞娣都替公公想好了。"冬天的时候，老爷子手脚不便，只能用一只手穿衣服，阿娣就把老爷子的衣服都改装了，这是我们都没有想到的细节。"厉霞娣的大姑姐熊小花说，厉霞娣给自己父亲买的所有冬装外套，都大2个号，并且把所有的拉链都改装成能用单手扣上的大纽扣，这些贴心的小细节，连做女儿的，都想不到。

"老爷子，今天天气好。泡泡脚吧？"

"行，听儿媳妇的。"

厉霞娣拿来木盆，兑上水，用手试了试，才让公公把脚放进去。"这个木盆是儿媳妇托人从城里买来的。"公公熊友吴笑眯眯地念叨。

原来，听说木盆泡脚可以促进血液循环，缓解疲劳，有益身体恢复，厉霞娣特地托人买来木盆，专门给公公泡脚。剪指甲、泡脚的时候，厉霞娣陪老人聊着天，老人时而明白，时而"糊涂"，厉霞娣顺着老人的话题说，东家长西家短，逗得老人笑得合不拢嘴。

这是他们家最常看到的一个情景。

最初公公躺在床上完全不能起来的时候，翻身子换被褥、洗脸、换衣服、一日三餐都由她来张罗，每餐她都要亲自端到老人面前，甚至喂到老人口中。凡是老人不能自理的，全由她来为其服务。除此之外，她怕公公寂寞，每天都要给公公讲一些外面的新鲜事和报纸上的新闻。

常言说"久病床前无孝子"，但公公在床上躺了两年多，她坚持为公公理发、捶背、剪指甲，精心侍候，从不厌烦。在她和家人的悉心照料下，本来瘫痪在床的公公，渐渐地能自己坐起来了，现在已经能够拄着拐杖慢慢地在房间中踱步。

前几年，为照顾卧病在床的公公，厉霞娣很少回娘家，偶尔去一趟也是来去匆匆，每次看着老母亲恋恋不舍的表情，她的心中就有说不出的愧疚。

她的公公熊友吴逢人便说："我的这个儿媳妇好呀，待我比亲闺女还亲。"熊友吴已经是83岁的老人了,但是除了中风留下后遗症,他精神舒畅,笑口常开,根本不像80多岁的老人,每每邻居说他有福气,他都说:"都是媳妇照顾得好!"

村子里的人说起厉霞娣,都会举起大拇指说:"她是孝媳,能干得很!"而面对别人的称赞,厉霞娣总是微微一笑,淡淡地说:"我这也不算什么,都是我应该做的事情。"

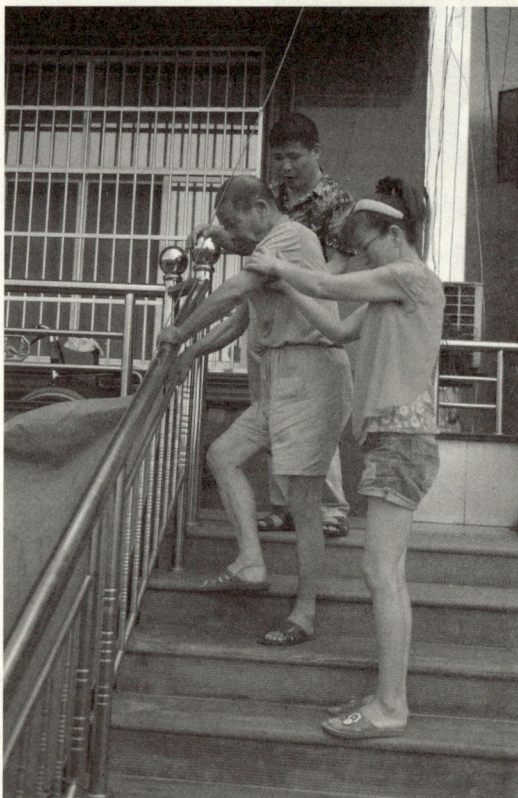

厉霞娣和丈夫帮助公公做腿部康复

细心呵护婆媳关系　家庭和睦慈孝兼备

俗话说"你有理,她有理,清官难断家务事;这问题,那问题,婆媳关系是问题"。说起姑嫂、婆媳,似乎每个家庭都会有一些磕磕碰碰,然而,厉霞娣却用真情演绎了婆媳情。

"我比我丈夫年纪大了4岁,在我们谈对象的时候,公公婆婆都很开明,没有因为年龄的差距而阻拦我们。"厉霞娣说,还没进门,她就对"未来的父母"充满感激和敬佩。

厉霞娣家有姐妹 5 个,家庭条件一般,她说父母从小对姐妹几个要求都非常严格,也经常做重体力活,从不娇惯孩子。厉霞娣在 20 世纪 80 年代同熊春根结为夫妻时,婆家家庭条件也不好,低矮的平房里挤着众多的兄弟姐妹。在娘家就养成了勤劳作风的她,下地干活,洗衣做饭,打扫卫生,照顾弟妹,一项不落。婚后不分家,她与两位老人朝夕相处。

对于照顾父母这一点,熊春根感慨地说:"做儿子的总是有些粗心,自己的母亲有个头疼脑热往往没太当回事。但她就能看在眼里,记在心里,时时提醒要加衣服要吃药,有时还亲自领着去看病打吊针。"

一年四季婆婆穿的衣服鞋袜都由厉霞娣置办,家中的柴米油盐如有欠缺她都及时购买回来,从不让婆婆操心。

"我们年纪轻的时候,家庭条件不好,夫妻两个没日没夜在外打拼,家里大小事务都要靠两位老人照料,现在老人们年纪大了,应该我们来照料他们了。"厉霞娣说,每顿饭前她总要先问问婆婆公公想吃什么,挑他们最喜欢吃的去做,因此,多少年来她一直是吃着适合老年人口味的饭菜。

厉霞娣的婆婆在世时,个性强,脾气急,经常喜欢唠叨。但厉霞娣从不恼,心平气和地和老人谈心,常常跟公公婆婆拉家常,说开心事,聊弟妹们的成长经历逗老人乐,公公婆婆很开心。此外,邻里的婚丧嫁娶,亲朋好友办事送礼金,厉霞娣都要先听听公婆的意见,让他们感到在这个家还有地位,说话还算数。

长时间和睦相处,厉霞娣同婆婆有了许多的相似之处,相同的爱好,喜欢一样的颜色,就连喜欢吃红薯、南瓜和胡萝卜都一样。婆婆还在世时,常对邻里说:"我这个媳妇就是我的女儿啊!"几十年朝夕相处,她和婆婆从没红过脸,从未发生过争执。

耳濡目染,厉霞娣的儿子熊晨迪也特别孝顺。有好吃的总忘不了爷爷奶奶,逢年过节或爷爷奶奶的生日都要给买上点小礼物。"儿子读大学的时候打电话回来,第一句总要问爷爷奶奶身体好不好,说实话我心里很自豪。"厉霞娣说。

婆婆在世的时候,喊厉霞娣从不喊大名,总是亲切地叫"阿娣"。"一个做儿媳的能得到婆婆这样的疼爱,是一种特别的幸福。"厉霞娣这样真切地坦露着自己的心声。

别看厉霞娣个子小,她不仅是家中的顶梁柱,更是邻居的好帮手、邻居眼中的女强人。左邻右舍，有什么事都愿意请她帮忙。她经常对身边的困难老人给予帮助，每年年底她都带着大米、油等生活用品到本村困难老人家慰问，并给他们洗衣、洗被、打扫卫生，在村民中，她的口碑非常好。

她是这样理解"孝顺"的：花钱为老人买喜欢吃的、喜欢喝的、喜欢用的东西叫"孝"，让老人不怀疑、不生气、不担心叫"顺"。一年四季春夏秋冬，厉霞娣总让公公和婆婆吃得开开心心，穿得干干净净。在她看来，孝顺是一种储蓄，期限到了，总是能兑付的。爱别人，就是爱自己，尊敬老人，就是尊敬自己。

厉霞娣

夫妻和顺相敬如宾　踏实家风代代相传

经过一家人勤勤恳恳的努力，现在，厉霞娣家的经济条件已经直线上升了。漂亮的小洋楼，整套的皮质沙发，客厅中悬挂着的大幅金边全家福，都显示着这是个小康甚至富庶的家庭。

然而，勤劳致富的过程中，这一家人，也付出了许多辛劳的汗水。最初，他们开办了一个家庭作坊式的酱料加工厂，丈夫工作非常繁忙，有时候很难避免把工作中烦闷的心情及暴躁的心态带回家去。

而厉霞娣总是以一个女性宽广的胸怀去抚平丈夫的情绪，春风化雨般的温暖也使丈夫能以心平气和的情绪、稳健的心态再次投入工作。后来丈夫忙不过来，厉霞娣就和丈夫一起，起早贪黑，共同打理酱料加工厂。

"每天凌晨起来，把货装到面包车上，然后赶着运到各个饭店、店铺去，不管天气多冷，我们从来不迟到，生意就是这样一点点做起来的。"厉霞娣说，她个头小，但是手脚麻利，装罐头总是最快的。冬天的时候，手脚都皲裂了，但是一装起罐头来，自己就什么也顾不上了。

同时，厉霞娣从来不因为丈夫和自己工作繁忙而影响对家人的照顾。"最初的几年，真的特别辛苦，孩子小，工厂刚起步，没有钱雇工人，什么事情都自己做。"回忆创业最初的几年，厉霞娣对公婆无限感激，她说："幸亏公婆一直在背后支持我们，帮忙照顾孩子，这样我们才算挺过来了。"

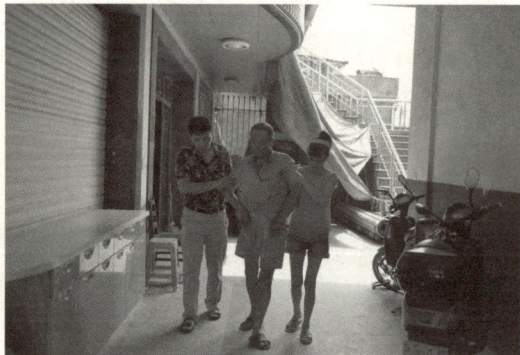

厉霞娣和丈夫帮助公公做腿部康复

除了照顾公婆,厉霞娣和丈夫熊春根的感情也非常好。她坦言,自己和丈夫之所以能和睦相处,最大的秘诀就是彼此非常坦诚,推心置腹,沟通非常到位,经常向对方敞开心扉。

熊春根说,在处理家庭的大小事时,厉霞娣从不擅做主张,脾气也很软。他们夫妻能平等对待,互相通气,共同磋商决定,做到办每件大事双方都心情舒畅。而添置家居用品,照顾儿子上学,以及处理家中的其他生活琐事,都由厉霞娣独自承担,从不让家人操心。

后来家庭条件虽然渐渐好起来了,但是厉霞娣依然勤俭持家,合理安排收入,从不铺张浪费。"我们是苦过来的人,钱够用就行,不想着大金大银胡吃海喝,这也没什么意思。"厉霞娣说。

虽然在酱料加工厂的工作非常繁忙,但是厉霞娣从没有落下对儿子的教育问题。为了培养孩子成才,她重视对孩子世界观、人生观、价值观的思想教育,教育孩子学会做人、学会做事,做对社会有所作为、有所贡献的人。

由于丈夫工作忙,老人年纪渐大无力帮忙照看,孩子上学的接送、生活照料管教工作,基本上全由她一个人承担。

厉霞娣全家福

"孩子教育、管理是一件非常艰辛的事情。"厉霞娣不仅注重孩子的学习成绩,更注重培养儿子独立生活、学习的能力。她经常鼓励儿子勤奋刻苦学习,同时,还要养成团结同学、礼貌待人的好品性。她经常主动与学校老师联系,询问了解孩子的学习情况,积极配合老师正确引导孩子的学习方向。儿子熊晨迪小的时候聪明好学又懂礼貌,受到老师们的一致好评。孩子的每一点进步,都凝聚着厉霞娣的心血和汗水。

在教育孩子的问题上,厉霞娣本着为国教子、以德育人的原则,身体力行做榜样。孩子走向社会,在做人、做事,特别是品行方面都是佼佼者,邻里乡亲都夸厉霞娣有个懂事、孝敬老人的娃。尊老爱幼成了这个家庭的家风,代代相传,根深蒂固。

现在厉霞娣人到中年,正是事业和家庭的担子最重的时期,每一个人都渴望有一个幸福美满的家庭,但令人欣慰的是,她和丈夫彼此相互关爱、相互理解、相互支持,生活得幸福和谐。

正所谓"时刻保持平常心,知足常乐一身轻",在厉霞娣的辛勤努力下,家里的一切都安排得井井有条,一家人的日子也过得有滋有味。

都说幸福的家庭是相似的,他们的幸福家庭是一家人共同缔造的,有待人宽厚的丈夫,有善解人意、吃苦耐劳的妻子,还有乖巧孝顺的儿子。和谐家庭的创造说起来也很简单,那就是:相互理解、相互关爱、相互尊重。

百善孝为先。作为好儿媳,厉霞娣没有感天动地的事迹,没有振聋发聩的表白,不发豪言壮语,不要高调渲染。她以一个典型的东方女性的心态,埋头做着她认为该做的事,把"孝"字深深地刻写在自己的字典里,抒写着"孝"的朴实与无华。

十几年如一日,不辞辛苦照顾公婆、丈夫,她对待亲人体贴入微,与邻里间和睦相处,成为她所在村孝老爱亲的典范。厉霞娣的故事不复杂,很简单,但是平凡、朴素,是用单薄躯体支起家中"半边天"的典范人物。

厉霞娣

浙江孝媳蓝香梅：
倾力撑起一片天 动人诠释畲乡孝事

中新社记者 奚金燕

蓝香梅与公婆

"我这样轻轻挠会不会痛？水温合适吗？"走进位于浙江省丽水市云和县云坛乡李山前村的蓝香梅家里，温馨一幕映入眼帘：正在为婆婆洗头的蓝香梅，指尖轻柔地在老人头皮上按摩，时不时柔声询问，年迈的老人在儿媳无微不至的服侍中舒心地笑着，看尽沧桑的眼中是浓郁到化不开的幸福与满足。

莽莽青山，重峦叠嶂，"镶嵌"于云坛乡东北部海拔 600 米的群山之肩的李山前村，宛若隐匿于深深绿谷中的世外桃源。在这里，比景色更美的，是人心。

无论是李山前村周边，还是与之毗邻的石塘镇小顺、麻厂等村的十里八乡的乡亲们，凡是提起畲家大嫂蓝香梅，人人都要竖起大拇指，夸她是"天底下难找的好媳妇，最勤快的当家人"。

今年 51 岁的蓝香梅，自从 30 年前嫁来这里，一颗心便紧紧牵挂着这个饱经磨难的家庭，一双手终日劳碌为全家四代人筑起挡风遮雨的坚实屏障。对这个大家庭来说，有蓝香梅的地方就有家；对蓝香梅而言，这个家是她倾其一生所要守护的"甜蜜负担"。

107

未过门先尽孝　无惧命途多舛之家

洗衣、做饭、干农活、服侍老人吃药……劳碌了一个上午的蓝香梅，终于获得片刻的空闲坐下来与记者聊聊天。长年累月的过度操劳，令她看起来比同龄人沧桑许多，然而回想起这些年背负着这个家庭所走过的风雨岁月，蓝香梅未曾后悔当年嫁进这个家庭的决定。

将时光倒回至 30 多年前，拥有初中学历的蓝香梅正值人生中最美好的花样年华，充满无限可能的人生蓝图正徐徐展开。20 岁那年，丈夫陈序宗的出现改变了她的人生轨迹。

蓝香梅

说起和丈夫相识的过程，蓝香梅笑得有些羞涩，眉宇之间隐约有着当年少女时代的影子。"我们是通过媒人介绍认识的，虽然只隔了五里路，但是之前彼此并不认识。"

虽然两个年轻人彼此未有交集，但是陈序宗的父亲却对这个善解人意、聪明伶俐的邻村女孩儿颇为欣赏。"当时我大哥就认她，说这个姑娘很好，要是能做我们家的儿媳妇就最好了。"蓝香梅的姑姑陈玉竹乐呵呵地说。

在媒人牵线下，陈序宗的勤劳和孝心逐渐敲开了蓝香梅的心房。"当时也大概了解他家里的情况，但是我觉得人好是最重要的，家里穷不穷无所谓，我们还年轻，有信心可以靠自己的双手去把这个家建造得更好！"蓝香梅说道。

1985 年，两心相悦的陈序宗和蓝香梅订了亲，缔结了他们相濡以沫的畲汉姻缘。

订亲后的第一天，蓝香梅便不顾家人反对，虽未正式入门却提前担起了陈家儿媳妇的担子，来到未来公公陈雁王的病床前，主动承担起了照顾缠绵病榻的公公的责任，每天为生活不能自理的公公擦脸洗脚，在旁人看来，亲女儿也不过如此了。

"我公公是个苦命人。"蓝香梅轻轻叹了口气，眼眶泛红，难掩悲伤惋惜之情。原来，陈雁王有四个儿子。大儿子在 15 岁那年，担柴到城里卖，途中不慎连人带柴跌入刚发过大水的滚滚溪流中。虽经好心人奋力抢救，保住了性命，但落下了严重的风

公婆围桌吃饭

湿病，再也干不了重体力活。

　　祸不单行，几年后，15岁的二儿子，在水库游泳时为救13岁的同村小伙伴献出了年轻的生命。

　　一连串的打击，让这个原本身子骨硬朗的家中顶梁柱再也支撑不住地病倒了。

　　"从那以后公公就一直病痛缠身，有一段时间甚至精神恍惚、神智不清。"蓝香梅告诉记者，在丈夫15岁初中刚毕业那年，公公陈雁王忽然得了白血病。对这个家庭来说，这无疑是雪上加霜。

　　自从得了白血病，住院便成了家常便饭。公公陈雁王无数次在紧急送医的路上与死神赛跑，无数次游荡在生死边缘……但令所有人意外的是，陈雁王的白血病最终在治疗中痊愈了。"连医生都说得这种病的死亡率特别高，而我公公最后居然治好了，简直是个奇迹。"蓝香梅说道。

　　可是命运丝毫不给这个家庭喘口气的机会，一连串的病痛又降临在婆婆身上：气管炎、脊椎骨增生、心脏病、胆结石等。这些慢性病，终年需靠药物维持。

　　体弱多病的父母，年幼无知的一个弟弟、三个妹妹，这个在风雨中飘摇的大家庭，几乎随时都有倾塌的危险。于是所有的重担都落在了年仅15岁的陈序宗肩上，孱弱的少年，一扛就是一辈子。

　　"然而就是在这样艰难的环境中，他都从来没说过一声苦！"蓝香梅感慨道。

　　倾心于丈夫的担当、孝心，也悲悯于这个家庭的不幸，蓝香梅更为迫切地想要加入这个家庭，与丈夫共同筑造一个遮风挡雨的港湾，让年迈的公公婆婆安度晚年，让弟弟妹妹们平安长大。

　　1986年，没有隆重的婚礼，也没有感天动地的海誓山盟，牵着心爱的丈夫布满老茧的手，蓝香梅正式嫁进了这个她早已视为家的地方，从此柴米油盐酱醋茶，一起分担，一起努力，一起变老。

蓝香梅和丈夫陈序宗

蓝香梅

披星戴月谋生计　久病床前不离不弃

婚后，上有公公婆婆体弱多病需人照料，下有四个弟弟妹妹嗷嗷待哺。"那时候真的穷得叮当响，对于我们来说全家能吃饱就已经很好了，每次公婆去医院看病吃药的钱还得向亲戚朋友借。"回忆起那段岁月，蓝香梅忍不住红了眼眶。

这对年轻的夫妻每天起早贪黑地劳作，只为尽可能地挣到更多钱来维持家庭的开销。

"一方面要种地干活，另一方面又要照顾老人和弟弟妹妹，生活很辛苦，但是为了这个家，咬着牙也要坚持。"夫妇俩一起下田插秧、割稻、上山打柴、种旱粮，一道做香菇、种木耳、栽杨梅、种雪梨，还一同背木头、锯木料……

夜里，全家老小都已入睡，蓝香梅便打起手电，探着路到田里劳作；下雨天，夫妻俩冒雨在田间除草、打药水……不管白天黑夜、刮风下雨，夫妻俩忙碌的身影无处不在。

婚后第一年，两人便迎来了第一个儿子，然而这份初为父母的喜悦尚未延续多久，蓝香梅的婆婆便中风病倒了。

"那时候婆婆住院了，家里除了自己的孩子还有弟弟妹妹们要照顾，我和丈夫只能两头跑。"而说起丈夫那个最小的弟弟，蓝香梅唏嘘不已，"小叔子从小就很老实懂事，初中毕业后 16 岁那年随着亲

蓝香梅和公公陈雁王

戚去武汉那儿打工，不知道受了什么刺激，回来以后就像变了一个人。"

蓝香梅告诉记者，丈夫的弟弟病情最严重的时候脾气十分暴躁，看见什么就扔什么："医生说这是精神分裂，所以我们平时就慢慢开导他，生活中吃的、穿的、看电视等都顺着他，加上现在配合着吃药，情况渐渐有所好转。"

所幸虽然生活拮据，老两口小病不断，但日子过得还算平顺，加之婚后两个儿子的陆续到来，也为这个多灾多难的家庭增添了几分新生的活力与希望。

然而，命运又狠心地对蓝香梅一家开了一个恶意的玩笑：六年前，婆婆的一场大病几乎将这个本就不易的家庭逼入绝境。

蓝香梅

蓝香梅是公婆眼里的孝顺儿媳

蓝香梅清楚地记得，那天她准备好了午餐去叫婆婆吃饭，然而走进房间，眼前的场景却着实让她吓出了一身冷汗。

"当时婆婆完全没声儿了，脸色苍白，胸部那边都鼓了出来。"蓝香梅见状赶紧为婆婆做胸部按摩，请人帮忙送去医院。"当时如果不是发现得那么及时的话，后果简直不堪设想。"回忆起当时的情景，蓝香梅至今仍心有余悸。

送到云和县里的医院后，医生诊断为胆结石，于是为老人家做了手术。

"可是手术做完以后，婆婆还是觉得胸口痛，没有好转，睡也睡不好。"蓝香梅回忆说，当时觉得心里很不踏实，所以没有立即安排婆婆出院，而是进行了全方位的检查，"后来才知道婆婆是得了胸椎结核。"

医生告诉夫妻俩，鉴于老人家年事已高，需要去丽水的大医院进行休养，养好了身体才能动手术。而这十七八万元的手术费用，宛若一道巨大的鸿沟，横亘在一家人面前。

"当时我们夫妻俩做香菇，这是个看天吃饭的行当。行情好的时候，一年七八万元，差的时候只有五六万元。"这份微薄的收益对于这笔庞大的医药费以及这个大家庭的开支来说无疑是杯水车薪。

"当时医生都劝她要考虑清楚，毕竟家里经济拮据，而且实在抽不出人手来照顾。"陈玉竹告诉记者，当时正逢收香菇的季节，小两口本就忙得团团转，家里还有一屋子的老小等着他们去照顾，"我这个做姑姑的都看着心疼啊！"

而饱受病痛折磨的婆婆也深知儿子儿媳的艰难境况，不愿再因为自己拖累这个家。

"当时婆婆就让我们把她带回家，说她这么一大把年纪了，就是死了也没有什么遗憾的。"而任凭别人怎么说，蓝香梅心中始终未曾动摇过半分，"公公婆婆这辈子太苦了，现在只要我们有这个能力，只要还有一线希望在，就要坚持给他们看好病，让他们有一个幸福长寿的晚年。"

在婆婆动手术住进重症病房的一个多月里，蓝香梅寸步不离地彻夜守在床畔照顾，丈夫和弟弟妹妹们则在家里轮流照顾公公。

蓝香梅

即使坚强如蓝香梅，在回忆起那段艰难苦涩的日子时，也忍不住红了眼眶："真的是很难熬，实在是忙不过来了。这边老人必须得照看着，家里面又有那么多农活要做，毕竟要维持这么大一个家庭的开销……"

现实不准她悲伤太久，抱怨太多，所能做的就是迎着风雨坚持前进。所幸最后医药费还是东拼西凑地借齐了，婆婆的手术也做得比较成功，一家人最终相互扶持着迈过了这个坎儿。

那几年，虽然因为公婆看病欠了不少钱，但是在蓝香梅和丈夫心里，老两口的健康始终是放在第一位的。

"有钱也买不来父母，而且钱可以慢慢赚嘛，但老人的健康是无价的。"蓝香梅憨厚地笑着，朴实平淡的言语背后，是一次一次面对病魔的顽强抵抗，是重担压身时的从不放弃，是那些她心中不容思考的"理所应当"。

无私奉献树楷模　谱父慈子孝和美乐章

结婚三十年，蓝香梅是公婆眼中的儿媳，是丈夫心中善解人意的媳妇，是弟妹信任依赖的贤惠嫂子。每天天还没亮，蓝香梅总是全家第一个起床，煮好早饭后，为二老准备一盆热水，侍候完他们用餐，再出门干活。

不论再忙再累，她每顿饭第一碗总是盛给公婆；做饭总是依着老人的口味，烧得软烂可口。夏天，她坚持每天给老人洗澡；冬天，怕老人冻着，她在老人房间里生上炉子，买来电热毯；老人身体不好，蓝香梅就和丈夫省吃俭用买来补品为老人熬制……30年如一日的悉心照料，家人暖在心里，街坊邻居也备受感动。

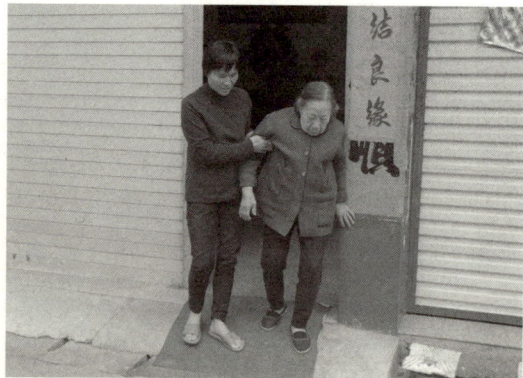

蓝香梅搀扶婆婆出门

"这个儿媳妇是真的值得夸奖！我们都说，如果没有她，两个老人家根本撑不到现在！"对于这个畲家好儿媳，街坊邻居们都忍不住要为她竖起大拇指，"自从她嫁过来，不仅侍奉公婆，连几个弟弟妹妹都照顾得无微不至，这个家也操持得越来越好！"

这些年来，凭借着勤劳的双手，夫妻俩买了地，盖起了新房，在生活条件改善的同时，也一直将患有精神病的弟弟和三个妹妹带在身边照顾，一家人不离不弃。

"三个妹妹都是嫂子像妈妈一样抚养长大，然后出嫁的。"一位村民告诉记者，三个妹妹和蓝香梅感情特别好，情同母女，出嫁后也会经常回娘家看看。

在举手投足间，父母的以身作则成了两个儿子最好的孝道启蒙老师。说起两个懂事的儿子，蓝香梅言语间是满满的欣慰和骄傲。

"小时候给两个孩子一点零用钱，他们都舍不得买吃的，而是留着给爷爷奶奶买东西，平时有好吃的，也总是先给老人家吃，真的十分懂事。"幼小的孩童，将父母平日省吃俭用尽心尽力侍奉爷爷奶奶的一举一动看在眼里，将孝顺的种子埋进心里，萌芽生长。

"两个儿子一直都没让我操过什么心，也在尽自己所能地帮我分担一些。"当两个孩子分别顺利考上大学的时候，蓝香梅不禁流下了幸福的眼泪，"看到两个孩子这么争气，我真心为他们自豪。"

蓝香梅告诉记者，大儿子毕业后选择了在杭州创业，如今小超市办得有声有色，忙不过来的时候她也会去杭州帮儿子照料分担，丈夫就留在家中照顾父母。"就这样两人分工合作，尽量做到老的小的都能兼顾。"

蓝香梅

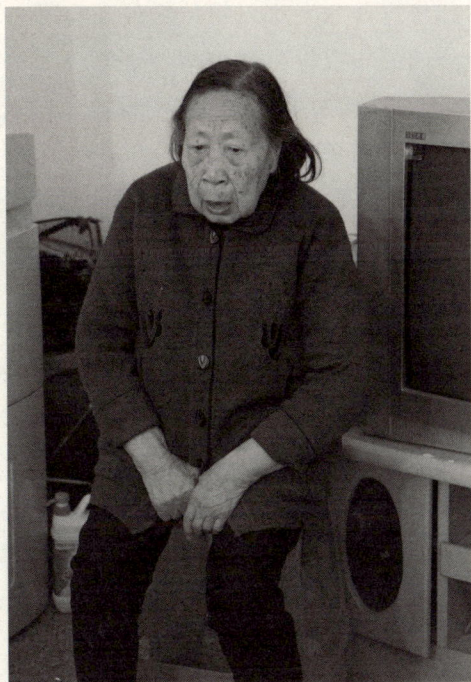

婆婆被蓝香梅照料得很周到

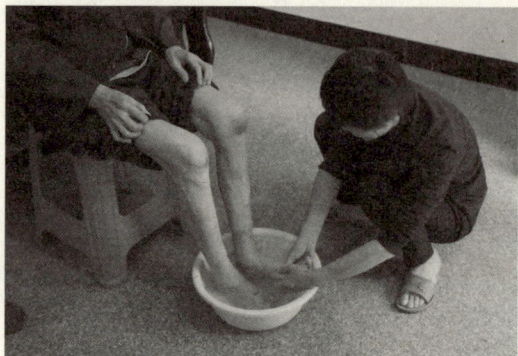

蓝香梅为公公洗脚

蓝香梅

三十年婚姻岁月中，正是靠着夫妻两人的分工配合，这个家庭跨过了一个又一个的坎，在那些并肩战斗的岁月里，两人早已形成了无须言表的默契。

如今，孩子们在意气风发的年岁里离家勇敢闯荡；曾经陷入抑郁的公公在蓝香梅夫妻俩的宽慰和开解下逐渐放宽了心态；经历过中风、胸椎结核的婆婆，身体也在悉心照料下逐渐好转，现在还经常出去散步游玩。

洗衣、做饭、干农活……蓝香梅的生活依旧忙碌充实，一切都在朝着她所希望的方向发展，磨难在蓝香梅的生命中浇灌出了弥足珍贵的花朵，历久弥香。

"孝敬老人是我们做子女的分内之事，只要老两口快快乐乐、健健康康地多活几年，就是我们的福气。""公公婆婆上了年纪，以前吃了那么多苦，这辈子很不容易，我们年轻，累点苦点也没什么！"这是蓝香梅面对别人的夸赞经常挂在嘴边的话，寥寥数语，却将这些常人难以想象之艰难险阻一笔带过，那些在沧桑岁月中沉淀的朴实无华的品质在她生命中熠熠生辉。

"树欲静而风不止，子欲养而亲不待。"蓝香梅比任何人都要懂得这个古老的人伦定律，她的人生，因爱而勇敢，因孝而美丽，在平凡的生活中，那些不平凡的动人瞬间串联成珠，构成一笔最宝贵的财富，在以身作则中代代相传，恒久流光。

过小南：
照顾邻居残障父子30年　不是儿子胜似儿子

中新社记者　林　波

过小南

　　他是过小南，来自浙江省嵊州市，自1986年从父亲手中接力照顾残障邻居钱庆余、钱亚华两父子，至今已有30年的时间。

　　钱庆余家中生活条件较为贫苦，过小南父亲在世时就一直关照钱家，逢年过节总会为他们添置一些生活用品。顺着父亲的轨迹，过小南一直坚守着对钱氏父子的守护。

　　2016年6月，过小南出资雇人将钱家的老房子翻修一新，让这座老房子重新焕发光彩。过小南说："房子修好了，就放心了，晚上睡觉也踏实。"

　　"亲生儿子都没有这么贴心，这样的好人真是少见。"在长乐镇，过小南和钱氏父子的故事感动了很多人。

　　此外，过小南还在长乐镇发动组织了长乐爱心服务队。闲暇之余，他总会和镇上的其他义工一同去当地的养老院帮忙照顾老人们的起居。过小南表示，今后他还会一直坚持下去。

父子接力照顾邻居残障父子 30 年

"20 世纪 90 年代中期,父亲年纪大了,无力照顾他们了,但父亲心里一直放不下这对父子。"过小南说,他当时知道了父亲的心思,便主动承诺:今后他会继续照顾好钱大伯一家的。1996 年,过小南从老家寨岭头村搬到镇上,从此照顾钱家整整 20 年。

据悉,钱庆余家的条件一直很差,过小南父亲在世时,就一直关照钱家。过小南记得,每当过年过节,父亲总会到钱庆余家走走,给他们买些生活用品,钱大伯有什么困难,也会告诉他父亲:"就这样,父亲照顾了钱家 10 年左右。"

据了解,钱大伯的儿子叫钱亚华,48 岁,因为是精神病患者,钱亚华至今仍孤身一人。钱大伯的老婆许多年前就离家出走了,父子俩一直住在长乐镇六一村的一间老房子里。

钱庆余老人没有什么至亲,只有一个表姐在杭州,平时很少走动。至于过家与钱家有什么关系,过小南只知道两家是很多代以前的远亲,具体什么亲也说不上来。

在长乐镇六一村看到,在众多新房子中间,钱庆余家的老房子显得很低矮,不过并没有破败不堪和阴暗潮湿,相反外墙崭新,房顶也刚换了新瓦,房间里虽然显得有些局促,但楼板楼梯都非常干净整洁。

原来,过小南 2016 年 6 月底已经雇人将房子翻修了一番。过小南说:"房子修好了,就放心了,晚上睡觉也踏实。"

过小南在为邻居安装家具

据了解,钱大伯的家因为是老房子,修理起来颇费周折。"很多人都不愿意来修,这个房子实在是不好修。"过小南解释说,"我特地叫了我同学过来修的,他修房子,我当小工,这样才给修好的。"

过小南说:"老房子时间久了,啥都不能用了,围墙、厕所、屋顶,这些都需要重新维修,不然住着也不让人放心。"

为此,过小南特地找村里干部反映了钱家的修房事宜:"我不是找村里去要钱,只是希望村里能腾出一个地方,让钱家人暂时住几天,这样老房子空下来就

过小南

可以全面维修了。"

　　幸运的是村里给钱家父子腾出了一间房做赞助，但赞助房的生活条件并不让人满意，于是过小南又给赞助房做了简单的修葺。

　　就这样，一波三折的修理房屋大计便顺利开始了。而这次维修的 8000 元维修费也是过小南出的。

　　据了解，这并非过小南唯一一次修葺房屋，此前，钱大伯家中的围墙年久失修，也是由过小南出资修葺。

　　而今藤蔓从院中斜挂在墙头，给钱大伯的家增添了些许野趣，从外望去，钱家的房子干净整洁，谁也无法想象那里曾经的破败。

　　85 岁的钱庆余虽年岁已高，但精神很好，见有人来访，连比带画地"夸赞"过小南。

　　记者了解到，年幼时的钱庆余曾因发烧导致听力出现问题，因此余下的时间里，他一般用手势来与人交流。

　　走进钱大伯的家中，入眼的便是满满当当的各类电器。记者了解到，这些电器有些还可以使用，有些则被钱亚华在发病时弄坏了。

　　看到陌生人进入自己家，钱亚华大声叫骂着，但是一看到过小南的身影，钱亚华便安静了下来。

　　钱亚华是一个暴躁的性子，即使是对自己的父亲钱庆余，他也是"无所畏惧"，但是对于过小南，钱庆余的表现却是有些"特殊"。

　　知情村民表示，钱亚华有时对自己的父亲也会打骂，但是每次过小南过来他都会安静下来："真希望小南能常在这里，有时候钱亚华总在家里大喊大叫，影响邻居的休息，没办法的时候，我们也只好找小南了。"

　　"小南去年也买过电扇，但被钱亚华在精神病发作时弄坏了。"知情村民说，光电视机过小南已买过三台，都被钱亚华弄坏了。

过小南与邻里乡亲

　　在钱大伯家中，记者发现了将近十台电风扇，这些都是过小南购买的。"买了坏，坏了买。"过小南笑着说道，"我很庆幸还出得起电风扇的钱。"

　　"有事情找过小南。"这是过小南对钱大伯的承诺。事实上，钱大伯也是过小南家中的常客。电灯坏了、冬天漏水诸如此类的小事情,过小南每个月都会遇上三五件。

裘芹芬大妈是钱庆余的邻居,她说,过小南隔三岔五来钱家,每次都会带一些生活用品,真的比亲生儿子还体贴。让裘大妈记忆犹新的是,今年寒潮时,一天清晨,过小南敲开了她家的门,身上还扛着三床棉被,让裘大妈转交给钱庆余。

"他说严寒天气要来了,怕钱庆余父子挨冻,特意买了三床新棉被,因为来得太早,父子俩还没起床,让我转交。"裘大妈说,这一带的村民已经非常熟悉过小南了,只要说起他,都会竖起大拇指。

过小南

相濡以沫30年夫妻齐心行善

自从1986年嫁给过小南,李越飞就见证了公公照顾钱大伯的点点滴滴:"以前刚嫁过来的时候,是爸爸照顾钱大伯,所以开始的时候小南并没有接手很多事情。"

自从父亲过世后,照顾钱大伯的责任就落在了过小南的身上。作为相濡以沫30年的妻子,李越飞表示一开始她也的确不理解这对父子的韧劲儿,但随着时间的推移,这份坚持也感染了她。

"时间久了,看到小南一心一意地在坚持,也想和小南一起传递这份爱心。"从青年到中年,望着过小南逐渐斑白的两鬓,李越飞感慨道。

于是,一些买被子衣服之类的琐碎小事就由李越飞负责。"小南是个有心的人,每次天气转凉了都会提醒我,钱大伯家的衣服够穿了吗,被子还厚吗……几年下来,每到天气转凉的时候,不用他说,我也知道该怎么做了。"李越飞自我调侃道。

据了解,过小南的女儿已成家,开的店生意也不错。过小南说他没有别的牵挂,除了三位老人。这三人一位是母亲,一位是岳母,还有一位便是钱庆余。

"因为有兄弟姐妹在,母亲和岳母我倒不怎么担心,但对钱大伯不得不花更多的心思。"令他宽慰的是,妻子非常理解和支持他的行为。他表示,今后无论遇到什么困难,都会一如既往地照顾好钱氏父子。

钱亚华的精神状况时好时坏,邻居们都不太敢接近,钱庆余听力不行

过小南时常关注邻居家的状况

118

又无法通过电话联系。过小南经常一大早，趁着自己经营的家具店开门之前跑来看看。

"万一有什么事，他们又联系不上我，只能靠我多来。"过小南说。这种担心不无道理，钱庆余年事已高，而且钱亚华在发病时还会打骂老人。

近三年来，钱庆余就住过两次院，一次是儿子打伤的，还有一次是中风引起的。幸亏过小南及时送医治疗，才没有出现大问题。

"有一次真的很惊险，钱大伯被他儿子咬了一口，我看伤得不重就用药水简单处理了一下，没想到第二天手肿得很大，我连忙带他去医院。"想起当时的情景，过小南还有点后怕。

那次钱大伯在医院住了半个月，过小南每天去探望，还专门雇人照顾钱大伯。医院去得多了，医生都认识过小南，得知两人的关系，他们很惊讶地说："你们居然不是父子？"

不是父子却胜似父子

钱大伯住院期间，由于身体不适不能照顾自己，而过小南由于当时事务较多也不能时时陪伴照顾钱大伯。虽然有护士照顾，但是过小南却不放心将钱大伯一人留在医院，为此他招了一个经验丰富的看护照顾钱大伯。

"一个人在医院，喝口水也好有人倒。"就这样，在钱大伯住院期间，过小南以每个月 1000 元的价格给钱大伯请了一个看护。

虽然有看护在，但过小南仍然坚持每天都来医院看望钱大伯："没看过不放心，知道他很好我就放心了。"

出于对过小南的信赖，钱大伯将自己的身份证等其他重要物件都交由过小南保管，而这份信赖，过小南也颇为珍惜。

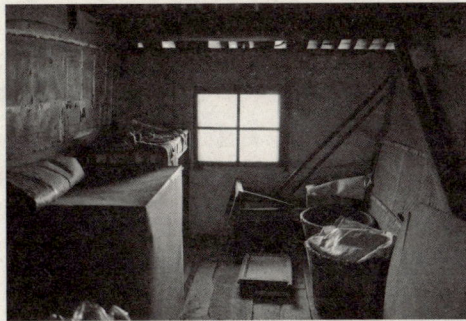

过小南家

由于听力问题，钱大伯与其他人在交流上有一些障碍，但是对过小南来说这丝毫不是问题。

"譬如他说'八八'，这个意思就是坐；而大拇指和食指交叉就意味着没钱了。"过小南和记者解释说钱大伯的日常用语。

过小南每个月都会给钱大伯生活费这是众所周知的，但是生活费的"发放"也是颇为讲究的。

过小南

"每周给两次，每次一两百，有的时候会多一些。"过小南说，生活费不能一次性给钱大伯，因为钱亚华时不时会偷拿钱大伯的钱去外面花掉，"虽然他精神有些问题，但是不是'傻子'。"

据附近的村民介绍，钱亚华经常偷拿父亲的钱去买香烟，买来的香烟也会在一个下午被他抽完。这件事也被过小南证实了："正因为这样，所以才会不放心把钱一次性给钱大伯。"

生活中的钱大伯是个节俭的人，一日三餐稀饭和粥，也不买什么生鲜肉食。"他也不想给我们带来这么多麻烦，给他100块，他可以省着用好久，也不给自己买些吃的，一日三餐也就随便吃吃。"看到钱大伯如此节省，过小南感到非常心酸，为此他每次过来的时候也会带些自己买的水果和猪肉，让钱大伯改善伙食。

当然，过小南的付出并非一无所获。"钱大伯会送一些自己种植的土豆这些小东西给我们。"看到钱大伯送来的东西，过小南的内心是非常感动的，"礼轻情意重"，钱大伯的心意他能感受到，也由衷希望钱大伯能幸福生活。

随着钱庆余年纪越来越大，过小南到钱家的次数也越来越频繁。裘芹芬告诉记者，过小南隔三岔五来钱家，每次都会带一些生活用品，真的比亲生儿子还体贴。

过小南家布置简陋

"我现在有时间有能力，家里条件也还可以，以前困难的时候都过去了，现在没理由不管他们。"过小南告诉记者，只要自己条件允许，这对父子他会一直照顾下去。

"难得看到这么有心的人。"与钱大伯同村的王勤花赞叹道。居住在村里的20余年时间里，她注意到，每周过小南起码来两次，"邻居们都知道小南是个有心人"。

组织爱心义工团队服务独居老人

"时间都去哪儿了？还没好好感受年轻就老了。"一句简单的歌词，却时刻提醒着受众：人不在变老，就在变老的路上。年老是每个人必经的人生阶段，"老有所依、老有所乐"是老年人最基本的愿望。

随着中国人口老龄化进程的不断加快，养老服务需求已成为不容忽视的社会问题。当你老了，如何养老，便成了现实问题。

老人的老年生活也是过小南生活中着重注意的一件事情。

平日里，除了照顾店里的生意和钱大伯之外，过小南也会从事一些志愿服务。此前，过小南还在长乐镇发动组织了长乐爱心服务队。闲暇之余，他总会和镇上的其他义工一同去当地的养老院帮忙照顾老人们的起居。

穿上红马甲，拎上水果，过小南带队走进了长乐镇的一家养老院。院里的老人大多年事已高，记不清事情，但看到过小南推门走进养老院的大院子，不少老人伸出双手，将自己手中的葡萄递给过小南，示意让他吃。

摇了摇手，过小南拒绝了老人们的这份好意。

过小南告诉记者，这些居住在养老院的老人平日里生活较为无趣，志愿者们一遇闲暇就会一起陪老人聊天谈心，而一些年事已高的老人则由于口齿不清不太交流，但是见过小南每次都会带东西来看望他们，并帮着他们打扫卫生，这份认同早已深入骨髓。

"老人们的好意心领了，老人们喜欢的话，卜次我再带点过来。"过小南一边看看养老院还缺少什么东西，一边说道。

养老院的负责人指了指院里的桌子介绍说："这些都是小南从家具店里搬过来给老人使用的，都是无偿使用，而且他每次来都会带东西过来，老人看见他就笑。"

与过小南同在一个爱心服务队的蒋亚芬告诉记者："过小南真的是个大好人，你看他完全可以过更优哉的生活，但是他一直坚持和

过小南在帮助邻居打扫卫生

过小南

121

我们一起照顾这些老人。"在蒋亚芬眼中,过小南是个没有架子的"老板",同时也是一个心地善良且热心的普通人。

前不久,镇上的一名年轻人患了白血病,过小南和爱心服务队还一起为该患者捐赠了钱物。过小南说:"尽可能去帮助我可以帮助的人,这是一种快乐。"

的确,在一般人看来,过小南经营一家镇上的家具厂,女儿已成家立业,与妻子相濡以沫,却仍然开着一辆廉价的皮卡车奔波于家具厂和爱心团队之间,甚至在爱心团队的时间已长于在家的时间。

对于外人的这份不理解,过小南有着自己的坚持:"现在的生活我很满足,但满足于现状的同时我想尽我自己的一分力量去帮助可以帮助的,这样你的人生才有意义,回头看自己走过的路,那都是满满的回忆。"

过小南告诉记者,生活中的他是个很没"情趣"的人。"我一般早上5点起床去跑步,顺便去钱家转一圈,回头去店里照顾下生意,参加爱心服务队的活动,晚上则是陪老婆一起去散步。"谈及妻子,过小南的脸上露出了幸福的笑容,"这些年,多谢她的陪伴和理解,也让我更加坚定地继续走下去,也希望可以多陪陪我太太。"

过小南动情地说:"家和万事兴,家中的老人们能够幸福快乐地生活,一个家庭才能和谐、幸福,社会才能更加其乐融融,团结稳定。"

过小南整理出的捐赠物资

浙江上门女婿戴冬春30余年如一日
用心维系家庭幸福

作者　谢盼盼　李苑露

上门女婿戴冬春

　　"我没啥好说的,做的都是分内事情。"沉稳了大半辈子的戴冬春急急张口,推脱着说自己"讲不来话"。锄了半辈子的地,也干了半辈子的活,他始终不善言辞,话很少。戴冬春是浙江省台州市黄岩区澄江街道横屋村的村民,非常平凡,平凡到把他放在人群中也许也不会被一眼找寻到。

　　然而,正是这样一个平凡的村民,生活在一个普通人看来较为"特殊"的家庭。有好长一段日子,家中的四个女人,一个瘫痪在床,一个生活不能自理,还有两个年幼的需要照料。

　　作为上门女婿的戴冬春,硬是扛下所有的重担,撑起了这个风雨飘摇的家。他数十年如一日地孝顺患病的长辈,礼待智障的妻子,不遗余力照顾两个女儿,供孩子上学,看着大女儿成家立业……他的正能量让认识他的人都为之感动,他也向所有人展现了孝顺的真谛。

　　而他却认为,自己所做的一切,对岳父岳母也好,对妻子也罢,都是作为子

123

女、丈夫应该做的事情。

30余年如一日，这位上门女婿，始终怀有坚持和感恩，用心维系着一个家的幸福。

担责在家 "风雨飘摇"中坚守数十载

黝黑的皮肤，不高的身长，憨厚的面容，寡言少语，这是戴冬春留给别人最初的印象。

戴冬春是横屋村的一位村民。戴冬春的家，是一间干净整洁又简朴的小屋。房前屋后和每间屋子，都被主人打扫得干干净净；厨具、衣物和鞋子等物件，整整齐齐地摆放着。谁都不会想到，这个家一直由一个大男人来打理。

说起戴冬春，他的孝顺在村里是出了名的。自1983年到黄岩区澄江街道横屋村王家做了上门女婿后，戴冬春就像亲生儿子般孝敬岳父岳母，照料有病的妻子，对她不离不弃。朴实的情感，持久的责任，33至诚至义的付出，即使再苦再累，戴冬春都没有一句怨言。

"我1983年到了王家做女婿，那时家里有兄弟姐妹六个人，刚成为女婿时，王家的家庭条件可以说还过得去，他们家有好几个女儿，但没有儿子，也没有人做事，我过来刚好可以做事了。"回忆起刚入赘王家时，戴冬春说了这几句话。

刚入王家时，戴冬春很拼，为了一个家庭经常不分日夜地干活："我做车工，做水泥工，帮助家里一起养家糊口。"婚后，戴冬春发现妻子王玲平不太正常："那时候不问她，她就不说话，家务活也不会，好像三岁小孩子一样，有时候还会发脾气。"

年轻的王玲平生活不能自理，既不能沟通也不会分担家务，戴冬春在扛起家庭生计重任的时候，也担负起照顾妻子的任务。

1988年，两岁的大女儿王肖红来到这个家庭，王肖红是戴冬春

在村里，戴冬春孝顺是出了名的

的养女，而孩子的到来让这个家有了难得的欢乐与笑声。再后来，戴冬春和妻子有了一个小女儿王欣阳。为了让孩子们有更好的生活，戴冬春干活更拼了。

戴冬春

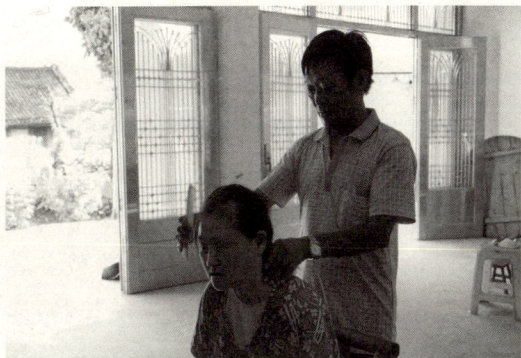
戴冬春为妻子梳头

温馨的好日子并没有持续多久,一个晴天霹雳让这个家庭雪上加霜。

1993年,戴冬春的岳父本就有精神方面的疾病,而在那年还得了老年痴呆症,经常说胡话,后来又不幸中风了两次,不久便瘫痪了。

久病床前无孝子,而戴冬春始终是个例外。在住院的两个多月里,戴冬春寸步不离,日夜守护。回家后,他更是无微不至地照料,直至四年后老人去世。那几年,戴冬春每天都要早起,先整理家务,再安顿好岳父和妻女,然后出门去揽粗活,用心维系着这个家。

"那时候,岳母身体还硬朗,我安顿好岳父和妻女,再去工地揽活。"靠着一股韧劲,戴冬春搭起了两间砖混结构的新房子。

戴冬春的岳母卢香娥很能干,早年是村妇女主任,在家中曾经是戴冬春的好帮手。不料2015年初,她不慎摔了一跤,变得痴呆,并瘫痪在床,戴冬春又开始日复一日地照顾岳母。

有好长一段日子,家中的四个女人中,一个瘫痪在床,一个生活不能自理,还有两个年幼的需要照料,戴冬春硬是扛下所有的重担,撑起了这个家。

回首30余年家庭的风雨飘摇,这个汉子始终没有放弃,扛起了自己作为丈夫、父亲、女婿的重任,坚守全家一起度过风风雨雨,更是让全家人在风雨里看到希望。

体贴为家　事无巨细亲力亲为

在戴冬春粗犷汉子黝黑的外表下,多年照顾老人的他其实还有颗特别细腻的心。

在照顾岳父的那几年里,戴冬春一声不吭地行孝,殊不知,他还吃了不少苦。

"在岳父精神病发作的时候,最严重的是一直讲自己的大道理,跟他说什么,他也不会听。我就不回他,一直忍让。"戴冬春说。

岳父却没有理解戴冬春的这份心,有时老人还会无缘无故找他吵架,戴冬春就只好左耳进,右耳出,假装没有听到这样的话。"老人总要生病的。顺着他的意思就好了。"说到原因,戴冬春的回答朴素又简单。

除去精神上的不理解外,岳父的瘫痪让戴冬春更"忙"了。

"阿公(岳父)住院,大小便不能控制,屎尿到处都是,我就给他买了十几条内裤,洗了换,换了洗,彻夜都陪。"戴冬春说,后来,岳父出院后,就住在戴冬春房子旁边的老房子里,尽管身体有了改善,然而大小便有时候还是不能控制,连一日三餐也需要人喂。

那时戴冬春靠做水泥工维持生计,白天的他在工地上做水泥工,每有间隙,就跑回家照顾老人以及家中"嗷嗷待哺"的女儿,而到了晚上,他就变身保姆,伺候家中的老人。

后来,戴冬春的岳父病逝,靠着他和岳母卢香娥两个人的双手,一家人的生活过得也算可以。

不承想,卢香娥在一次走路时摔了一跤,从此半身不遂、痴痴呆呆,并且一卧不起。

"不管怎么样,我都要照顾她到终老。"自此,戴冬春在一楼搭了三张床,卢香娥一张,王玲平一张,他一张,方便照顾岳母和妻子。

"岳母晚上要起夜好几次,每晚都不能睡太死。"戴冬春说,岳母瘫痪后从未用过尿不湿,尿布都是他从以前的旧床单上裁下来,洗干净后才给岳母换上的。

而在天气不好的时候,十几条尿布洗了干不了,细心的戴冬春就继续裁了更多的床单。

为了晚上更好地照顾老人起夜,戴冬春说,那时他想了一个主意,

戴冬春全家福

晚上岳母要起来时,就拿手电筒往天花板上照一照,他就知道了。但有好几次,戴冬春因为白天太辛劳,晚上卢香娥开手电筒的时候都不见人回应,结果第二天床上满是污物,后来戴冬春想出了用易拉罐敲击床沿的方式,比手电筒照亮来得更加实用。

后来,一到晚上卢香娥有事情的时候,就拿过戴冬春准备的易拉罐,敲击床

沿,戴冬春听到声音就爬起来,抱起岳母,为岳母替换尿布。这样敲易拉罐的叫醒方法一直持续到卢香娥去世……

戴冬春觉得,自己更多饰演了女婿、丈夫的职责,在子女的成长中,作为父亲,戴冬春有些愧疚:"我还没有参加过女儿的家长会。"

1986年出生的王肖红却格外理解父亲戴冬春:"他又做爸爸,又当妈妈,还要当女婿、当儿子,四种角色。他是最好的爸爸。"

在大女儿王肖红出嫁时,连嫁妆和婚礼都是戴冬春这个细心的爸爸一手操办。

在戴冬春的字典里,从来就没有"苦"这个字。当问起他,这么多年,一个人扛起一个家会觉得苦和累吗,戴冬春的回答是:"干活不辛苦,已经习惯了。苦?有什么苦的,白天到田里插秧,回到家给家人洗洗澡烧烧饭,睡一觉一天又过去了。"

感恩为家　点点滴滴积累为报恩

戴冬春和王肖红

尽管在外人眼中,戴冬春进入这个家后,生活只能以"苦"来形容,但在他心中,这个家给他带来的更多的是恩。

在他看来,被他称作"阿婆"的岳母对自己的好融于生活的点点滴滴。"有时候我出去做工,回来的时候,阿婆就会弄鸡蛋酒给我,在我们当地这是很补的。"这个黝黑皮肤的寡言汉子回忆起岳母,满是感恩之情。

"阿婆对我好,我就要对她好。"在他脑中,人与人之间的相处方式很简单,只要别人对自己好,自己就会加倍对别人好,相互理解,并同样在点点滴滴中回报恩情。

坚持了数十年,戴冬春从未觉得自己过得很苦,而他乐观的态度及赤子之心也感染了大女儿王肖红,并在她身上得到了延续。在与王肖红交谈中,这个大姑娘同样始终带着爽朗的笑容,让人印象深刻。

"村子里只要有事情,她就会第一时间去帮忙。"说起大女儿,戴冬春脸上笑意更浓了,语气也带着自豪感,"之前因为有节日,村里要包饺子送人,她听说了就马上赶过去了。"

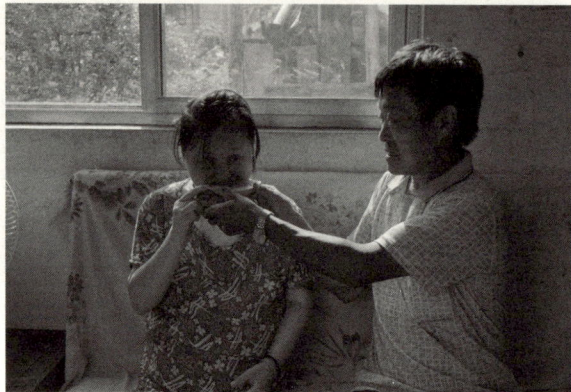

戴冬春喂妻子进食

在外人看来,戴冬春一家很特殊,但在他们自己看来,这个家很幸福。"跟家里人一起很开心的。"王肖红带着她爽朗的"招牌"笑容,她说,即使是小时候的"苦日子",也从来都没有觉得家里真的很苦,家里的氛围都是快乐和开心,而自己的父亲也并没有"与众不同"。

"我爸爸跟别人的爸爸都是一样的。"王肖红说道,"我的家庭也跟别人的家庭没有什么不同。"因为始终在怀有感恩之心的父亲身边长大,她对于父亲也同样怀有感恩之心。说起小时候为数不多的有些不理解的事,她想了想说,大约是在学校开家长会的时候,父亲由于身兼数职实在抽不出身来参加。

"会有一点点怨气吧。"她坦言,当时会想着别人的家长都去了家长会,为什么自己的父亲却不来。但随着长大和懂事,她也逐渐理解了戴冬春没有赴会的缘由。

"那时候我爸爸身上是有四种角色,真的太忙了。"王肖红回忆说。女儿的理解使这个家的关系更为牢固。而王肖红也会逐渐帮助父亲一同担起这个家。

如今,戴冬春的小女儿也开始上学了。王肖红说,如今妹妹的家长会就交到她身上了。

"我能分担一点是一点,这是应该的。"她说。

说起父亲,她更是心疼:"我爸就没停下休息过,忙完这头,那头又需要他。要是爸爸倒下了,这个家怎么办?"正是抱着这样的心情和担忧,在出嫁后不久,因实在是放心不下戴冬春,王肖红说服了丈夫,带着儿子住进了老房子。

如今,王肖红每天下班后,就带着丈夫、儿子回娘家,替戴冬春分担家务,照顾母亲,并接回上小学的妹妹。

"我的爸爸是伟大的,也是幸福的。"在王肖红眼中,父亲虽然普通,但并不平凡。而父亲的孝顺更是深深影响到了她:"爸爸老了后,我也会好好照顾他,像他照顾阿婆那样照顾他。"

"我会把爸爸的故事,告诉后代。"王肖红说得非常果断,一旁的戴冬春依然带着笑容,眼角略微有些湿润。

今年,在由中国新闻社、浙江省民族宗教事务委员会、浙江省老龄工作委员会办公室、浙江省青年联合会为指导单位,杭州灵隐寺、中国新闻社浙江分社、台湾佛光山、台湾旺旺中时媒体集团等共同主办的 2016 浙台孝亲人物评选中,戴冬春被评为十大孝亲人物之一。

戴冬春在房前锄地

"夕阳红"与"小鲜肉"组合亮起助老"暖心灯"

中新社记者　李佳赟

"夕阳红"与"小鲜肉"组成的"9060 行动小组"

每天早晨,浙江省宁波市江北区洪塘街道的老人们会来到崭新的"欣和苑"养老服务中心(以下简称"欣和苑"),开始他们一天的快乐时光。在阅览室读读书,在棋牌室打打扑克牌……午饭时间,"90 后"的养老服务小组成员还会给老人供应丰盛的午餐。

而在这个温暖的服务中心,夹杂在这群"90 后小棉袄"之间的,还有这么一群老人:他们热心肠,经常陪孤寡老人聊天;不定期地组织活动到敬老院慰问;帮忙协调矛盾、解决家庭纠纷。他们就是欣和"9060"行动小组中的"夕阳红"成员。

顾名思义,欣和"9060"行动小组中的"60"是指"欣和苑"中的一群平均 50岁以上的"老顽童",而"90"则指一群年轻志愿者组成的"养老服务小组"。"鹤发童颜"的老人们,和青春无敌的"小鲜肉"组合在一起,虽是"化学反应"强烈的组合,却传递出阵阵温情,让"老有所依""老有所养"不再只是梦。

"90后小棉袄"情暖夕阳红

"欣和苑"的每一个清晨,都是在养老服务小组成员的"阿姨早,叔叔早"的问候声中开始的。这些欣和"9060"行动小组中的"90后"成员,用年轻人火热的心让孤单老人们颇感欣慰,这些暖心之举拼凑成了一个个温暖的"孝"字。

"老人的事都是大事,再小的事情都要认真对待。"小组成员朱迎春说道。对于两天没来"欣和苑"的老人,朱迎春一定会打电话问明原因。现在,老人们已经习惯提前报备,免得小辈们担心。

还记得,洪阿姨刚在"欣和苑"办完卡一周,就不来中心活动了。"90后"小组成员谢小红知道后,立马跟洪阿姨了解原因。原来,洪阿姨一是觉得与其他老人不熟,放不开;二是因为手部老毛病又犯了,拿取物品不方便,使用不了"欣和苑"中的游戏器具和康复器械,也就觉得无趣了。

知道了事情原委,谢小红就和小伙伴们一起想办法解决问题。他们将洪阿姨接过来,先陪着她玩了一些简单的活动项目,比如飞行棋、保健操、扔兜球等,在集体游戏中引导阿姨融入"欣和苑"大家庭。

渐渐地,洪阿姨和其他老人逐渐相熟了,也有了自己的朋友圈,也就不认生了。

此外,为了缓解洪阿姨手部颤抖的"老毛病",谢小红还积极督促洪阿姨在"欣和苑"的健康中心进行保健,经过持续理疗,洪阿姨手部发颤的情况也逐渐好转。

大半年后,洪阿姨脸上的笑容越来越多,也能平稳地握笔练书法、做保健操、玩小游戏,"欣和苑"已然成了她的第二个家……

从"疏离"到"融入",洪阿姨的经历只是"欣和苑"老人们的缩影。正是一张张贴心面孔,一份份"温暖牌"服务,为孤寡老人点亮了"暖心灯"。

由于年纪渐长,老人的身体也在走下坡路,为了及时看到老人身体疾病的"信号灯",谢小红、张臣每月都会定期组织志愿者,为老人开展医疗便民服务,还将范围扩大到宁波洪塘街道10个社区:为老人看牙齿、保健按摩、量血压……让老人不出社区就能享受服务。截至目前,"欣和苑"已累计为周边社区老人服务1000多人次。

除了身体上的关照,"90后"养老服务小组的成员们还努力"照顾"老人们的精神生活。如今,智能手机和网络普及率很高,老人也不甘落后,要求与时俱

"9060"
行动小组

131

进,学学这"高科技"。张臣和徐赟就主动挑起了这个活,教老人用微信聊天,上网浏览新闻,甚至在淘宝上购物。

在张臣和徐赟的努力下,老人们如今已能在微信群中聊天、发照片,分享每日所见所闻,不亦乐乎。现年59岁的张奋阿姨还"举一反三",捣鼓起各式手机软件,甚至还教会了自己80多岁的母亲使用美图秀秀。

虽然有张臣、徐赟等人执着于这份"生命"事业、"爱心"事业,但仅有这些"90后"养老服务小组的成员还不够,"欣和苑"还积极发动各领域志愿者,为老人提供贴心服务。

自"欣和苑"运营以来,宁波大学商学院青年志愿者协会的青年志愿者每逢周六、周日,就来到"欣和苑"陪老人聊聊家常、玩玩游戏,还为老人推出英语、急救、唱歌等领域的兴趣课,让老人们学有所成、学有所乐。

此外,各类专业师资力量也加入"欣和苑"的大家庭中,瑜伽课老师张瑜便是其中一员。

一说起周一下午的瑜伽课,老人们便赞不绝口。"90后"张瑜在工作之余,加入爱老志愿服务之中,她根据老人们的生理特点,自创了一套老年人"定制版"瑜伽动作,既能让老人调理呼吸、促进睡眠,又简单易学。

看着越来越多的老人加入"欣和苑"的"大家庭","90后"养老服务小组的成员深感自己的服务得到了认可,同时也努力提升自身技能,给老人朋友们带去更多专业性服务。

谢小红告诉记者,自己是医学营养专业毕业生,可经常在血压、饮食方面提醒老人注意。而其他"90后"养老服务小组成员也积极行动,参加健康管理、老人心理、养老护理等培训课程,以提升自己的专业技能。

谈起初衷,谢小红告诉记者,她一毕业就来了"欣和苑"工作,如今已有两年时间。"刚开始,我其实对养老工作并不了解,只是单纯地为了找一份工作,但后来逐渐喜欢上这里的氛围,也用真心在付出,这或许就是爱的本能。"

"老吾老以及人之老,幼吾幼以及人之幼。"如今,由不同人员构成,提供"星级服务"的养老服务小

"夕阳红"们在收拾食材

组成员，正整合和发挥社会力量，不断创新服务模式，把"子女"般的爱心送进老人们的心田，让他们感受"家"的温暖，"暖意"在不断蔓延。

"小龄老人"服务高龄孤寡老人

而除了"90后"成员在源源不断地传递服务"正能量"，"60后"的"夕阳红"也和年轻的志愿者同行，纵使岁月染白了两鬓，也用一颗颗炽热的心，为"老有所为"献余热。

2015年9月，老人自发成立了欣和"老有所为小组"，他们之中最大的已有86岁高龄，年轻的也有50岁。他们个个精神饱满，个个都是热心肠，积极参与"欣和苑"的事务，为养老服务提建议、出点子，极大地丰富了养老服务内容。

虽然"90后"小鲜肉年轻有活力、有激情，经常会蹦出鲜活的创意，但有时也面临着想法"不接地气"的烦恼。

谢小红知道阿姨们喜欢跳广场舞，就想组织一场主题PK活动，但有的阿姨只把广场舞作为饭后健身活动，自觉没能力和其他队伍一较高下，始终拒绝。

"老有所为小组"的阿姨们知道后，就从亲身经历入手，为谢小红出主意，让她将比赛的"竞争"概念淡化，使参赛阿姨建立起"重在参与，以舞会友"的广场舞理念。

终于，转换思路后，经过半个月的走访游说，谢小红招募了来自宁波洪塘街道和慈城的16支队伍参加活动。比赛现场，阿姨们个个盛装亮相，精神饱满、活力四射。伴随着曲曲高歌，她们曼妙轻飞，翩翩起舞，瞬间成为广场中一道亮丽的风景线。

同样，在张臣看来，自己的短板是阅历不够，比如在与老人唠家常时，由于存在代沟，在解决老人的情感诉求方面，沟通的效果不尽如人意。

但"60队伍"的加入，让情况大为改观。现年68岁的张秀梅自信地表示："我们的优势就是有丰富的人生经验，我们懂得老年人的想法，知道他们需要什么，我们有信心为有需要的老年朋友提供更好的帮助和服务。"

比如，"欣和苑"的老年食堂即将开办时，老人喜欢什么样的饭菜？如何操作才让老人觉得方便？面对这些问题，"老有所为小组"仔细收集了其他老人的想法，并在食堂开办后也随时反馈用餐老人们的建议和意见。

除此之外，"老有所为小组"还自编自演节目，为孤寡老人的生活带去亮色。端午节，他们来到庄桥敬老院与老人们欢歌度佳节。建党节，他们来到永红社

133

区与当地的党员、老人笑语享天伦。

"身子骨还能动的时候就要多帮别人。"这是张秀梅阿姨经常挂在嘴边的一句话。

而加入"老有所为小组",也让原本生活单调的老人有了动力。现年59岁的老人张奋表示:"以前在家时间比较多,总是窝在家里看电视,当时就想着,与其在家还不如出去发挥余热,但一直苦于找不到平台。"

如今,加入"老有所为小组"后,张奋经常与年轻人一起去养老院表演慰问。她语调兴奋地说:"这样做自己开心别人也开心。"

"9060" 行动小组

正如张秀梅所说,他们是老人中的"年轻人",通过互助活动能把自己的积极与健康分享给更多的老人,给他们带去笑声和阳光。

而与年轻人共事,"小鲜肉"们的朝气活力也始终感染着老人们。"年轻人朝气蓬勃,和他们一起主持节目,表演唱歌,感觉自己也年轻了很多,很暖人心。"张奋说。

"小鲜肉"为老人们搭把手

"9060"行动小组负责人贾莉表示,这种"以老助老、互助养老"的模式,旨在发挥老年朋友人才众多、才艺丰富的资源优势,发挥老年朋友与被服务对象年龄相近、感情共鸣、有共同语言的优势,为高龄、孤寡、失能等困难老人提供更为人性、更为贴心的综合服务。

贾莉认为,"90团队"更倾向于专业服务,在前期活动策划、组织落实中发挥出创意活力;而在活动中,"60团队"用他们的热情和丰富阅历,担当老年人群的"润滑剂"。可以说,这种"志愿者+互助"的模式发挥了两个团体的各自特长,起到了优势互补的作用。

社会养老满足个性诉求

"莫道桑榆晚,为霞尚满天。"近年来,养老产业已成"朝阳产业"。

根据媒体报道,截至2015年底,中国老年人口已达2.2亿,到2020年人口老龄化比例将达到六分之一,老龄人口将达到 2.43 亿,2025 年将突破 3 亿。银发浪潮来袭的背后,其衍生的家政服务、医疗康复、饮食服装、营养保健、休闲旅游等市场需求巨大。

但面对滚滚而来的"银发浪潮",不少养老机构同质化严重,多以"养"为主,缺乏特色。

"不少养老院建得像宾馆、像医院,既同质化又冷冰冰,给人一种去哪里都一样的感觉。养老服务应该要依据老年人的多层次服务需求进行科学定位。"中国社会福利与养老服务协会会长冯晓丽说。

而走进"欣和苑",一张张灿烂笑脸洋溢在照片墙上。虽然沧桑的脸上,已然布满了深深的皱纹和重重的斑块,但老人们的笑容一如绚烂的晚霞,让人感受到浓浓温情。

已在"欣和苑"近一年的张阿姨告诉记者:"大家都是同龄人,互相熟悉,有亲近感,即使只是每天打一个招呼,也是一种关怀。而且平时既可以在'欣和苑'玩游戏,跳舞,也可以自发组织活动,生活变得有滋有味。"

此外,随着社会逐步迈入老龄化,面对养老养生需求的多元化、多层次、多样化趋势,很多公办养老机构时常面临"一床难求""一课难上"的窘境。

而作为"社区嵌入型"养老机构的"欣和苑",就位于社区居民的家门口,并可为老人灵活性、定制化地提供送餐、康复、保健等 10 多项专业化服务。

"养老机构的规模不是越大越好,床位也不是越多越好,"贾莉说,"而是要凭借个性化、人性化的养老服务'突围'市场。"

贾莉介绍道,"欣和苑"的课程设置相比大型公办养老机构来说,更有自主性。"我们的不少课堂都是由专业志愿者提供,不少是免费的。此外,瑜伽课、手工课、越剧课都是根据老年人需求设置的,更贴心方便。"

张秀梅告诉记者:"以前在老年大学,由于班级人数限额,经常报不进名,而在这里想学什么就可以开班,很方便。其实我们不是想要学得有多精,能和同龄人一起唱唱跳跳就很开心了,可以丰富下自己的晚年生活。"

此外,"欣和苑"的选址、功能设计、建筑布局,无不基于老年人多样化的需求而展开。比如适老设施方面,"欣和苑"就从老年人实际需求出发,为老人们配置老年医疗、老年保健、老年食堂、日间照料等基本适老设施,完善养老服务。

在活动大厅,刘大爷和老伙计们打起了麻将,老人们三五成群,或打牌唠嗑,或下棋喝茶,其乐融融。"这里一个月只要 100 多元,就可以吃饭不操心,玩乐有人陪,儿女很放心。幸福晚年自己做主!"刘大爷满带笑意地说道。

除了个性化的日常照料之外，"欣和苑"的"互助式养老"为解决老人养老问题，积极寻找到一种新的途径和模式：老人们互帮互助，相伴相乐。老年人依靠自己的能力、时间、精力，参与服务中心的各项业务工作，或向其他成员提供服务，形成了一种"老有所养、老有所为、老有所乐"的低成本、有活力的运行机制。

自古以来，"出入相友，守望相助，疾病相扶持"的互助养老，在我国就有着深厚的文化传统。

在"欣和苑"所属的民生养老股份有限公司总助沈莘东看来，互助养老是一种可行的社区生活方式。"现在很多老年人身体越来越好，也愿意付出时间、精力帮助别人，这不仅能充分调动老年人的积极性，发挥老年人自身闲暇优势，也适应居家养老需求。"

"9060"
行动小组

在"欣和苑"积极探索的"互助＋"模式影响下，志愿者队伍中也出现了越来越多的母女志愿者、姐妹志愿者、夫妻志愿者……个人带动家庭、志愿者互助友爱，成为了"欣和苑"的新风尚，并逐渐扩散蔓延。

沈莘东认为，欣和"9060"行动小组能够实现"以老助老、互助养老、老有所为、老有善为"，这与其他养老模式最大区别就在于，可低成本地解决社会、家庭和老年人在养老上面临的突出问题，使养老社会服务供给与需求相匹配。

谈起未来的计划，贾莉表示，今后，"欣和苑""老有所为小组"的队伍还要不断扩大，这种养老方式具有很大的发展潜力。"因为，它不仅能让老人在精神上得到慰藉，实现'老有所乐'，也能整合老年朋友资源，以更为规范、更为有效的方式，让老年人在为老服务中体现自身价值，为社会服务发挥余热，达到'老有所为、老有善为'。"贾莉说。

贾莉向记者透露，下一步，"欣和苑"将吸纳更多的社区居民志愿者加入社区养老及助老行动中来。不过，贾莉也坦言，希望社会力量能够积极参与，也希望政府能为民间资本投资养老产业提供良好的制度环境，为养老服务提供更多政策支持。